U0754405

预见未来
马云商传

赵文锴
李 军 /著

台海出版社

图书在版编目（CIP）数据

预见未来：马云商传 / 赵文锴，李军著. -- 北京：
台海出版社，2019.3
ISBN 978-7-5168-2231-9

Ⅰ. ①预… Ⅱ. ①赵… ②李… Ⅲ. ①马云—传记
Ⅳ. ①K825.38

中国版本图书馆CIP数据核字(2019)第026640号

预见未来：马云商传

著　　者：赵文锴　李　军	
责任编辑：姚红梅	装帧设计：鸿蒙诚品
版式设计：鸿蒙诚品	责任印制：蔡　旭

出版发行：台海出版社

地　　址：北京市东城区景山东街20号　　　　邮政编码：100009

电　　话：010－64041652（发行，邮购）

传　　真：010－84045799（总编室）

网　　址：www.taimeng.org.cn/thcbs/default.htm

E-mail：thcbs@126.com

经　　销：全国各地新华书店

印　　刷：三河市航远印刷有限公司

本书如有破损、缺页、装订错误，请与本社联系调换

开　本：710mm×1000mm	1/16
字　数：258千字	印　张：18.25
版　次：2019年3月第1版	印　次：2019年3月第1次印刷
书　号：978-7-5168-2231-9	
定　价：55.00 元	

预见未来：马云的传奇商路

走在时间前面，并能在最关键的岔路口选对方向，这就是马云传奇之路最简单明了的描述。

成立"达摩院"，探索最前沿科技；

提出"新零售"，走出电商的局限；

构建"阿里云"，瞄准大数据；

创建"菜鸟"，把物流作为发展重点；

打造"支付宝"，抓住支付、金融的命脉；

......

10年，甚至30年后会发生什么？如何才能赢得未来？现在该怎么做才是正确的？在马云的商业世界里，这些才是他最关注的重点。

马云一路走来，只做了一件事——证明自己对未来的判断是正确的！

对于国家，马云是一个具有标志意义的企业家。马云及阿里巴巴的成功，说明中国也有能力培养自己的世界一流企业家，而且是地地道道的中国企业家。

对于个人，马云是一个草根创业的神话。马云不是官二代，也不是富二代，而是一个普通人。他创造的奇迹，对公众、特别是对数百万具有雄心壮志的年轻人产生了巨大的影响。

在这个世界上，马云只有一个，但一千个人眼中有一千个马云。通过马云的故事，有的人学会了坚韧，有的人学会了乐观，有的人学会了诚信，有的人学会了冷静，有的人学会了自信……

其实，站在个人的角度来说，马云送给世界的最好礼物就是草根如何创业、白手如何起家。50万元人民币、18个普通人的小公司，经过18年的努力，如今变成了上千亿美元、数万名员工的大集团。这是一个怎样的过程？发生了怎样的故事？充满了怎样的艰辛？

第一次创业，马云从自己最熟悉的领域开始，充分发挥了精通英语的特长和大学教师身份的优势，创办了海博翻译社。这是马云的一种尝试，他一边在大学教书，一边兼职运营翻译社。从"脚踩两只船"的情况来看，马云并没有下定决心大干一场，也或许是他并不真正看好翻译社的前景。当时的他，虽然不安于现状，想做一番事业，但选择创业的领域不免落于俗套——从熟悉的领域着手。

第二次创业，马云敏锐地发现了互联网的商机，果断辞掉了大学教书的工作，专心经营"中国黄页"。对于当时的人来说，舍弃大学教师的工作需要很大的勇气。由此可见，马云对互联网下了重注。然而，由于互联网在当时是一种陌生的事物，人们不了解，这就极大地增加了创业的难度。马云就像一位布道者、启蒙者一样，殚精竭虑地说服人们相信互联网，使用互联网。在中央电视台《东方时空》栏目拍摄的专题片《书生马云》中，生动地记录了马云推广"中国黄页"四处受阻的窘况。

在度过推广的艰难期、刚打开局面没多久，马云又要面对如雨后春笋般的竞争对手，尤其是实力雄厚的杭州电信旗下的同类业务。在熬不下去时，马云决定同杭州电信合作，马云以及团队占股30%，杭州电信占股70%。但是，没过多久，合作就出现了问题，由于占股很少，马云被迫离开了"中国黄页"。

第三次创业，马云去了北京，并与中国国际电子商务中心（EDI）进行合作。EDI 是国家外经贸部成立的机构。马云担任总经理，他及团队占 30% 的股份，外经贸部占 70% 的股份。在与 EDI 合作的那几年时间，马云带领团队吃了很多苦，也完成了很多出色的项目。

但马云最终发现，与政府机构这样的合作无异于穿着华服、戴着镣铐跳舞，表面风光，实则憋屈。很多重大问题自己做不了主，同时，中国互联网大潮涌动，搜狐、新浪、网易等发展迅猛，而自己却在体制的束缚下，距离互联网梦想越来越远。郁郁不得志的马云决定回到杭州从头再来。

第四次创业，已经 35 岁的马云抛弃了在北京所拥有的一切，怀着悲壮的心情，抱着"让天下没有难做的生意"的理想，创建了阿里巴巴。50 万元的创业资金，18 个创业伙伴，把自己的家作为办公室，阿里巴巴正式开始运作。创业的初期自然很艰苦，睡觉的时间很少，工作的时间很长，有时加班太晚就直接睡在办公室；为了节省资金，长时间吃便宜的盒饭，甚至是方便面；出门坐公交，不能打出租……

这一次，马云真正地成功了。大浪淘沙，在互联网界风云变幻、竞争激烈的争夺赛中，马云带领着阿里巴巴拔得了头筹。

从阿里巴巴 B2B 业务，到淘宝网、支付宝、并购雅虎中国，再到 B2B 业务在香港上市，建立阿里云，打造天猫，公司组织机构大拆分，最后到 2013 年卸任阿里巴巴 CEO，马云经历了创业过程中最艰难困苦、精彩绝伦、跌宕起伏、意义非凡的一段时光。在这一时期，马云从无到有，从小到大，从弱到强，逐渐完成了阿里巴巴商业帝国的重要布局。卸任之后，马云摆脱了日常事务的侵扰，只从战略角度为阿里巴巴掌舵。通过创建菜鸟网络，补齐阿里巴巴物流方面的短板；通过在美国的整体上市，让阿里巴巴真正蜕变成了一个世界性的伟大公司；通过蚂蚁金服，使得阿里巴巴的根基更加稳固。

同时，马云将更多的精力投注到公益和慈善事业。马云和太太曾经定下规划：50 岁之前赚钱，50 岁之后做公益。他按照自己的计划，成立了亚洲最大的慈善公益基金，为环境保护、医疗健康、乡村教育等方面做出了巨大的贡献。

马云说："做公益和慈善，在我看来是人生的一种很大的福报，我们努力的结果，既能帮助自己，也能帮助别人。"在商业上获得巨大成功的马云，在回馈社会中，让自己的人生更加丰满，更具有价值。

纵观马云传奇般的创业，有两条逻辑贯穿全过程：

第一，帮助别人成功，自己必然会成功；帮助合作伙伴赚到钱，自己也会赚到钱。这是典型的利他思想。许多人也明白利他思想，但像马云这样真正付诸实践，做得好的人，并不多。

第二，坚持，对梦想的坚持，永不放弃。知易行难，创业过程中的种种困难，多次失败会把绝大多数人打回原点，甚至是万劫不复。但马云没有，他在自己认准的道路上坚持了下来。

当然，马云的商业成功有很多种因素。但这两条逻辑就像两条轨道，载着马云一路风雨，驶向成功的巅峰。

本书以马云创业的时间为基本线索，详尽地梳理了他在每一个阶段所做的事情，展现了他一步步成功打造阿里巴巴商业帝国的过程。希望这些过程和经历，能给读者带来启发，帮助读者获得改变人生的力量和契机。

马云凭什么

马云的商业史，就是一部不断颠覆创新、突破进取、百折不挠的草根创业史，更是一部中国电商波澜壮阔、跌宕起伏的恢宏发展史。

从 1995 年接触网络到 1999 年阿里巴巴的问世，再到现在的巨无霸阿里帝国，马云只用了短短的 20 多年就完成了这一壮举。做成任何一件事都有两个主要因素：外在的大环境和内在的自我主观意识及行动。这两个因素缺一不可。也许马云当时的大环境无法复制，但其内在因素却完全可以借鉴和复制。这些内在因素就是深深地根植于其血液和骨子里的无与伦比的创业基因。

基因一：超前的平台思维。马云最厉害的一点就是他的平台思维。平台是什么？平台是基础，是在每一个领域众商家都必须依赖的东西，没有了基础，任何企业都很难存活。很多商家都在进行实力的竞争，扩大规模，创新产品，提高客户体验，但是马云却避过这一点，不与众商家竞争，只做平台，为众商家服务，与众商家合作，从而形成一个庞大的众商家必须依赖的平台。从这一点来说，马云就技高一筹。从阿里巴巴（1688.com）B2B 采购批发平台，到淘宝 C2C、天猫 B2C 零售平台，再到大数据阿里云平台的成功，都充分说明了这一点。

基因二：不安于现状，永不放弃。三次高考，四次创业，不是普通人能做到的。

每次失败只是更加激励马云坚持不懈，必须成功的信念。虽然前几次的创业不成功，但当时并不是没有很舒服、很美好的选择（对普通人而言），马云却不安于现状，总是执着于心中的梦想——创立一家伟大的世界级公司。

基因三：眼光独到，反应敏捷。马云善于发现和把握网络的发展规律，其着眼点从来不是现在，而是10年以后。只要发现机会，他就会快速行动，从不拖泥带水。从"中国黄页"到阿里巴巴、到淘宝、到支付宝、到阿里云、到天猫，再到蚂蚁金服都验证了这一点。

基因四：超级自信，但不自负。马云对自己有着超级的自信，在阿里巴巴创业的第一次会议上，马云就预告了未来，要求全程摄影，以此作为历史见证。很多人说马云狂妄，但马云说，自己创立阿里巴巴的时候靠的就是勇气和自信。

阿里巴巴创业初期，马云要求合作伙伴"用闲钱投资，不允许借钱，因为失败的可能性极大"。由此可见，他虽然很自信，但绝不自负。一个人成功一次是偶然，但马云1999年自阿里巴巴创业成功至今的不断发展，我们不能说马云只有大胆和自信，这里面肯定还包含了智慧和理智。

基因五：个人魅力和掌控力都很强。马云先后离开与杭州电信、外经贸部合作的公司，其手下员工都愿意放弃更好的条件，甘愿吃苦受累地追随他重新创业，当年创业的18个人，大多数至今仍然追随着他。他能吸引蔡崇信放弃年薪70万美元的工作追随他每月只领500元人民币，也能6分钟搞定软银孙正义投入2000千万美元的风投。这一切，如果没有超强的个人魅力是很难办到的。

对于阿里巴巴这个庞然大物，马云掌控得很好。在阿里巴巴的发展过程中，进行了几次重大的人事变动，以及几次公司组织结构的大拆分，如果缺乏极强的掌控能力和管理能力，是很难完成的。个人魅力和掌控力是相辅相成的，马云把二者结合得非常好。

基因六：口才出众，善于交际。当过大学老师的马云口才极佳。他的演讲很有煽动性和感染力，能很快地引起共鸣，并调动他人的积极性。马云的演讲视频网上有很多，即使没有到现场，也能受到极大的激励。几乎在任何场合，他都能侃侃而谈，不打草稿，只打腹稿，再临场发挥。马云的社交能力也很强，他的朋友很多，而且社交面很广，这些都是一笔弥足珍贵的人脉资源。

马云的成功，绝非单单因为他比我们早创业多少年！

也许我们认为马云恰逢时运，我们生不逢时；

也许我们认为马云资金雄厚，我们身无分文；

也许我们认为马云吉星高照，我们霉字当头。

但是，我们不要忘了马云三次高考落榜，做过搬运工、蹬过三轮、当过小贩；

我们不要忘了"中国黄页"推出之初，马云被很多人骂作骗子，迎接他的是无尽的白眼和闭门羹；

我们不要忘了阿里巴巴创业之始，35个人挤在一个房间，大家要集资才能创业，马云要靠借贷才能发工资；

我们不要忘了面对"非典"，以及eBay易趣的极力打压，马云顶着多大的压力才挺了过来；

我们不要忘记，互联网泡沫破裂，遭遇迎头痛击的马云如何独自"舔舐伤口"；

我们不要忘记，即使已经创业初成，马云还是经历了"支付宝股权转移风波""十月围城事件"……

可以说，马云的商业经历充满曲折，马云的创业成功绝非偶然，那是各种创业基因的结集，那是智慧和勇气的结晶，那是信心与实干的结果，那是领袖与团队无间的结合。这个世界上没有无缘无故的成功，只有不懈努力的奇迹。如果我们能像马云一样付出得足够多，我们也能收获得足够多。

目　录
CONTENTS

PART1

谁的创业不艰辛：马云跨过的那些沟沟坎坎

第1章　马云的第一次商业拉练　／003

曲折精彩的学生时代　／004

授课之余"穷折腾"　／006

当"倒爷"，苦心经营翻译社　／008

被骗远赴洛杉矶　　／010

西雅图绝境中的希望　　／012

第2章　"中国黄页"，第一只"螃蟹"该怎么吃　／014

创业，仅只有23∶1的支持率　　／015

顶着"骗子"的称号四处奔波　　／017

被别人当小孩耍的悲惨经历　　／019

终止合作，自己做服务器　　／020

悲剧式的北京互联网"布道"　　／022

"中国黄页"被杭州电信收编　　／024

遭遇背叛，坚决离开　　／026

第3章　从头再来，失败是一种爆发前的积累　／029

加盟中国国际电子商务中心　　／030

返回杭州：志不同不相为谋　　／031

马云绝不给别人打工　　／034

PART2

开门吧，阿里巴巴：马云的B2B新征程

第1章 闭门造车，出门合辙 ／039

50万元的筹资大会 ／040

"十八罗汉"的"湖畔呐喊" ／042

"切一刀"的B2B模式 ／044

"阿里巴巴"的诞生 ／046

创业初期，那些难忘的艰苦岁月 ／049

马云拒绝采访的秘密 ／051

第2章 力邀蔡崇信加盟，降伏资金困兽 ／054

蔡崇信：最重要的合伙人 ／055

第一次融资：高盛 ／057

第二次融资：软银孙正义 ／059

告别湖畔，搬入新家 ／062

阿里巴巴的大肆扩张 ／064

第3章　绝处逢生，走出互联网泡沫　/ **067**

"西湖论剑"，马云造势　/ 068

山雨欲来风满楼　/ 070

"西湖会议"挽救了阿里巴巴　/ 073

忍痛裁员，度过危机　/ 074

"中国供应商"和"诚信通"　/ 077

PART3

C2C大爆发：淘宝成功奠基"百年阿里"

第1章　"淘宝"，马云打造的秘密武器　/ **083**

抢先下手，进军 C2C 领域　/ 084

秘密打造淘宝网　/ 086

"淘宝"接受"非典"的洗礼　/ 088

再融资，"淘宝"备足冲锋的弹药　/ 089

第2章　关键一环是"支付"，占领高地抢得先机　/ **091**

应运而生的"支付宝"　/ 092

获得银行的支持是关键　/ 094

借助娱乐业搞推广　／096

第 3 章　蚂蚁战大象：阿里巴巴完胜 eBay 易趣　／098

淘宝遭遇全面封杀　／099

"蚂蚁"围攻"大象"　／100

马云的"扬子江鳄鱼"理论　／102

笑到最后的淘宝免费模式　／104

第 4 章　掌控雅虎中国，辉煌还是败笔　／106

"雅巴"合作前的博弈　／107

与雅虎中国的世纪并购　／109

首要任务：留住雅虎团队　／111

整合，并非想象得那么简单　／112

第 5 章　马云完善"阿里帝国"版图　／115

阿里巴巴的 B2B 在香港上市　／116

"阿里妈妈"，让天下没有难做的广告　／117

打造"双十一"购物节　／119

团购盛宴"聚划算"　／121

支付宝的股权转移风波　／122

马云回购雅虎股份　　／125

马云为何挥泪斩"卫哲"　　／127

PART4

B2C天猫，一只改变世界市场的"猛虎"

第1章　B2C，引爆市场　／133

从"淘宝"出走的"天猫"　　／134

"十月围城"事件　　／136

连创纪录的疯狂"猫"　　／139

对假货的"零容忍"策略　　／140

第2章　阿里巴巴组织结构大拆分　／142

为什么要拆分阿里巴巴　　／143

一拆三，三拆七，七拆二十五　　／144

马云退休，退而不休　　／146

第3章 菜鸟物流：东西很好，物流也要很好 / 149

小"菜鸟"，大物流 / 150

马云为什么要打造"菜鸟" / 151

"菜鸟"的"圈地"运动 / 152

PART5

阿里云：布局大数据，提前备战DT时代

第1章 放眼未来，紧盯大数据 / 157

阿里云的诞生与发展 / 158

马云的技术雄心 / 160

阿里巴巴备战 DT 时代 / 163

第2章 不断成长的阿里云 / 166

紧抓移动端：YunOS / 167

发布"云合计划" / 169

"为了无法计算的价值" / 171

PART6

蚂蚁金服：马云未来的真正王牌

第1章　阿里抢占互联网金融的蓝海　/ **177**

蚂蚁金服的前生今世　/ 178

马云的"小蚂蚁"逻辑　/ 180

蚂蚁帝国的庞大版图　/ 181

蚂蚁金服入股"36 氪"　/ 185

收购 EyeVerify 和 MoneyGram　/ 186

支付宝与微信支付的碰撞　/ 188

第2章　会赚钱的支付宝——余额宝　/ **191**

阿里巴巴推出余额宝　/ 192

余额宝定位中小客户　/ 193

余额宝到底动了谁的奶酪　/ 195

做金融行业的"搅局者"　/ 197

PART7

互联网+：阿里的深度融合战略

第1章　开拓耕耘，马云进军农村市场　／201

马云为什么看好农村电商　／202

马云的"千县万村"计划　／204

农村电商的支点：村级服务站　／206

第2章　马云钟情体育：体育产业是未来的好生意　／209

入股恒大，15 分钟谈成 12 个亿　／210

看好体育市场，成立阿里体育集团　／212

逐鹿体育市场：马云 PK 王健林　／213

第3章　强强联合，阿里入股多家商海巨头　／216

阿里巴巴结盟海尔　／217

阿里巴巴投资魅族科技　／218

马云：与苏宁的合作像结婚　／220

互联网公司不进入线下，就没有未来　／222

第4章 掌控媒体，打造阿里帝国的强大喉舌 / 224

投资社交媒体，占领社交高地 / 225

大肆收购传统媒体 / 227

布局科技媒体 / 228

重金投资影视传媒行业 / 229

第5章 布局O2O：阿里杀入生活服务领域的"红海" / 232

收购高德地图、快的打车 / 233

成立新口碑网 / 234

投资健康医疗领域 / 236

投资热门日常消费市场 / 237

PART8

跨境电商战略：阿里系如何布局世界

第1章 打造国际版 B2B、C2C、B2C / 243

阿里巴巴国际站 / 244

全球速卖通 / 245

天猫国际 / 247

第 2 章　投资亚洲，扩张海外　/ 249

马云布局韩国　/ 250

阿里入股新加坡邮政　/ 251

马云淘金印度　/ 252

第 3 章　"全球买手"马云的欧美布局　/ 255

阿里巴巴纽约上市，全球最大 IPO　/ 256

阿里巴巴与美国商业巨头的合作　/ 258

阿里巴巴布局欧洲　/ 259

第 4 章　纵横捭阖，马云为全球化提速　/ 261

e-WTP：重写国际贸易规则　/ 262

马云担任联合国的特别顾问　/ 264

阿里巴巴设立澳新总部　/ 266

PART 1

谁的创业不艰辛：马云跨过的那些沟沟坎坎

阿里巴巴今天的辉煌，源于马云最初的坚持。马云曾经说过，如果他要写书就写一本阿里巴巴犯过的一千零一个错误。确实，马云的创业充满了曲折，犯了不少错误，走了很多弯路。万事开头难，马云最初创业的艰难程度绝不亚于任何一家伟大企业的开创。但幸运的是，马云在不断努力、不断试错、不断煎熬中挺了过来。

第 1 章

马云的第一次商业拉练

马云的第一次创业是创办海博翻译社。那时的马云，与现在的大部分创业者一样，在自己熟悉的领域选择项目。但随即他发现，即使再努力，自己所选的项目也是前景有限，于是他果断放弃了。虽然已经付出了大量的心血，但为了梦想，他还是做出了艰难的选择。

曲折精彩的学生时代

1964 年 9 月 10 日，马云出生于杭州西子湖畔的一个工薪阶层家庭。从小看起来就瘦弱矮小的马云，其性格却非常顽皮。而且，他还喜欢替别人出头，经常干些行侠仗义的事情，完全没有顾及自己那一副小身板。

在学习方面，除了英语，马云的各科成绩都不理想，特别是数学非常差。高考的时候，连续考了三年才考入杭州师范学院（现为杭州师范大学）。关于三次考大学，马云的故事不少。

第一次高考，惨败。因为数学考得太差，简直是惨不忍睹，只得了 1 分。虽然英语很棒，但数学这个大累赘把总分拉得很低。与大学失之交臂的马云，先后做过秘书、搬运工，还踩着三轮车帮别人送书。有一次，他给一家文化单位送书时，捡到了路遥的《人生》。这本小说深深地吸引了他。小说主人公高加林的曲折故事给他带来了许多感悟。高加林是一位农村青年，但他很有才华，也很有理想，希望通过自己的努力改变命运。然而，面对残酷的现实，他走了一个轮回，又重新跌落到了原点。

高加林的经历使马云深刻地领悟到，人生的道路虽然很漫长，但关键处往往只有几步。这几步必须要走好，否则遗憾终生。而且，人生的道路没有一条是笔直的。对人生有了更深一步理解的马云，决定参加第二次高考。那年夏天，他报了高考复读班，并很快投入紧张的复习当中。

第二次高考，依然是落榜。这一次，马云的数学成绩没有多大提高，只考了 19 分，当然，相对第一次提高了很多，但总体很差。这次落榜使得原本对马云上大学还抱有一丝希望的父母都觉得他不用再考了。

那时候，全国到处都在播放电视剧《排球女将》。剧中小鹿纯子永不言败的拼搏精神激励了马云。于是，他不顾家人的反对，毅然决定再次复习，参加第三次高考。为了激励自己好好学习，他经常周日特地早起，赶一个小时的路，到浙江大学图书馆读书。

第三次高考，终于如愿以偿。就在第三次高考的前夕，一直对马云的数学成绩失望的余老师对马云说了一句话："马云，你的数学一塌糊涂，如果你能考及格，我的'余'字倒着写。"

也许是受了老师的刺激，考数学的那天早上，马云临阵磨枪，拼命地背数学公式。从考场出来与同学对完答案后，马云知道自己肯定及格了。结果，马云的数学考了 89 分。历经千辛万苦，马云终于考上了大学。

在大学里，马云脱胎换骨，表现得非常出色，还当上了学生会主席。更为幸运的是，他找到了自己的终身伴侣——张瑛。张瑛是他的同学，学的也是英语专业。

1988 年，24 岁的马云从杭州师范学院毕业，被分配到杭州电子工业学院（现名为杭州电子科技大学）教书。那一届的杭州师范学院有 500 多名毕业生，其中只有马云一人被分到大学任教，其余的人都被分到中学教书。

当时，中国的改革开放已经有 10 年了，人们的观念也发生了很大的变化，不再稀罕所谓的"铁饭碗"。马云是学校有名的活跃分子，并且连续担任学生会主席，为了防止马云有其他的想法，也为了给学校树立个好的榜样，时任杭州师范学院副校长的黄书孟跟马云订了一个"5 年之约"，要求马云分配到那个学校后，5 年内不能辞职。马云不想让校领导失望，便痛快地答应了。

授课之余"穷折腾"

在杭州电子工业学院，马云担任英语和国际贸易专业的教学工作。马云的教学很特别，也很有趣。他不喜欢一言堂的死板授课，而是希望学生能够积极主动地掌握知识。所以，他的课堂上充满了欢声笑语，学生们都很爱上他的课，他的课堂常常座无虚席。由于出色的教学成绩，马云被评为"杭州市优秀青年教师"。

当时，在杭州西湖边的六公园里有一个英语角，每个周日的上午有许多人都来这里练习英语。马云是英语角的常客，后来，他发现英语角的人越来越多，于是就在少年宫门口的广场上重新办了一个英语角，具体活动时间定为每周三晚上。很快，马云的英语角就红火起来，参加的人非常多。因为是晚上，看不清相貌，大家没有了说不好英语被人笑话的后顾之忧，胆子都大了起来，于是各种带语病的中国式英语满天飞，热闹异常。

看到这种情景，马云高兴了，说："这个主意不错吧，讲英语的时候看不清对方，胆子就大了。"

马云是一个爱折腾的人，除了在杭州电子工业学院授课外，他还兼职在夜校代英语课。马云的教学方式非常灵活，更注重口语交流，所以夜校英语班的学生的学习积极性非常高。

而且由于性格幽默开朗、善于交际，马云在英语班交了很多朋友。

有一次，马云上课迟到了，正当英语班的同学等得焦急时，他匆忙冲上了讲台，人还没有站稳就开讲了："今天我们讨论的题目是'迟到'。我最讨厌迟到，迟到就是对别人的不尊重，从某种意义上说，迟到就是谋财害命……"顿时，同学们笑了起来，他们知道，这是老师用一种巧妙的方式表示歉意。

由于英语水平很高，马云还从事一些翻译方面的工作。当时，在改革开放的推动下，全国的经济飞速发展着，对外贸易逐渐火爆起来，然而在杭州乃至全国，既懂英语又懂贸易的人才非常稀缺。随着杭州做外贸生意的民营企业逐渐增多，对翻译服务的需求也越来越多。于是，很多老板找马云做英语翻译。但当时马云只能做兼职，因为他和老校长的"5 年之约"还没有到期。

对于那几年高校任教的生涯，马云非常珍惜。时至今日，马云已经成了非常成功的企业家，但对大学教书的日子仍然十分怀念。他经常说："我是教师出身，我曾经在大学教过 6 年的书。"2004 年，马云回到母校杭州师范学院演讲时，对台下的小学弟学妹们说道："很多人认为创业就是为了赚钱，可是我创建阿里巴巴却不仅仅是为了赚钱，而是为了让自己以后有更多的经验教给学生。在大学教书的过程中我得到了很多东西，我爱教书。但是我想到了中国经济的高速发展，在 20 年以后，我马云是否还能继续站在讲台上教书？因为大学生的学习不只是学书本知识，还有社会实践，不论我创业成功与否，将来我再回到讲台的时候，至少我会比大学里的其他老师多了一些经验。"

在大学教书的 6 年，是马云厚积薄发的阶段，不但为他积累了人脉，而且还使他的心性更加沉稳。在兼职做英文翻译的时候，他发现身边很多同事和退休老教师都赋闲在家，而且，社会上对翻译的需求越来越大，于是创办一个翻译机构的念头便油然而生。

当"倒爷"，苦心经营翻译社

1992 年 1 月，马云开始了第一次尝试性的创业，和同学、同事一起成立了海博翻译社。他们在杭州青年路 27 号租了一间房屋作为办公室。所有的员工加起来 5 个人，主要是退休的老教师，而马云的主业还是教书。翻译社的注册资金只有 3000 元。海博取英文"Hope"的谐音，意为"希望"。马云解释说："大海一样博大的希望，这个名字不错！"

创业之初并不顺利，当时的翻译市场还不成熟，成立初期生意惨淡，付出与回报完全不成正比。第一个月的营业额不足千元，连交房租的钱都不够。入不敷出的状况令翻译社的成员动摇了，但马云坚信翻译社可以做下去，所以他一直坚持着。

为了让翻译社生存下去，马云当起了"倒爷"。他发现卖鲜花和礼品可以挣钱，于是将办公室一分为二，一半用来卖书、卖鲜花和礼品，一半做翻译。为了降低成本，他还多次利用休息时间带人前往义乌进货。而且，他也常常背着小工艺品，在杭州的大街上售卖。

在那段时间，马云甚至还做过药品和医疗器材的销售员。为了推销产品，他几乎跑遍了杭州各家中小医院及个体诊所。就这样，靠着这些小买卖的收入，马云艰难地维持着翻译社的运营。

既然卖礼品能赚钱，为什么还要继续做一直亏损的翻译社呢？于是，同事建议马云放弃翻译社，只开礼品店，将来成立一家礼品公司，但马云拒绝了。马云认为，当初成立翻译社的目的是为了满足市场需求，并解决老师们的问题，而不纯粹是为了赚钱，所以不能轻易放弃，一定要坚持下去。只要熬过去了，光明就会到来。因为对马云来说，坚守初心非常重要。后来，翻译社的生意果然好了起来。

1995 年，马云发现了互联网，觉得这是未来发展的方向，更有前景，于是他把翻译社交给了一个入股的学生，全心投入到互联网行业。

对于马云而言，虽然创办翻译社没有赚到多少钱，但是他却凭超强的活动能力，为自己带来了不小的名气。在当时的杭州城，有人甚至称他是"杭州英语第一人"。更为重要的是，通过翻译社开展业务的机会，他结识了许多国内外的朋友，也接触了不少杭州商界的人物，积累了丰富的人脉。

多年以后，对于自己的这段创业经历，马云轻描淡写地说道："我当时认为一定会有需求，应该能成功。"

现在打开海博翻译社的网站，其首页就是马云手写的一句话："永不放弃！"下面还有马云的签名。马云的字真的不好看，但非常有特点，有个性。在这句话旁边，配了一张马云食指轻轻放在嘴唇边的照片。现任海博翻译社负责人回顾马云当年的创业经历时，感慨地说："当大家都还没想到这个行业的时候，当大家都还没有看到这个商机的时候，马云首先想到了，他的想法都是具有前瞻性的。那时我们杭州没有翻译社，我们是第一家独立存在的这样一个公司，大家都不看好，而且一开始也不赚钱，但马云坚持下来了。所以，我很佩服马云，他说的话会让你振奋，没有希望的东西在他看来也充满了生机，他能带给他身边的人生活的激情。"

现在，海博翻译社已经成为杭州最大的专业翻译机构。虽然不能跟如今的阿里巴巴相提并论，但是海博翻译社在马云的创业经历中，也画下了重重的一笔。

被骗远赴洛杉矶

1995 年初，杭州市政府正在修杭州通往安徽阜阳的高速公路。这是政府招商引资的一个项目，投资方是一家美国公司。虽然双方很快达成了合作协议，杭州方面也开始动工，但工程进行了一年多之后，美国这家投资公司却迟迟没有按期支付合同金。当时，杭州有上千的民工参与了这个项目的修建，眼见就要到年底了，工钱却还分文未给。

于是，杭州方面决定派人再去和美国这家公司沟通一下，督促对方尽早支付合同金。为了能够确保双方沟通顺畅，有人提议让海博翻译社的马云出面完成这次任务。当时，马云创办的翻译社规模不是很大，但他个人的名气却不小，很多商界的人物都听说过他，要知道那时候马云号称"杭州英语最好的"。

马云接受了这个任务。但是随着在协调过程中的深入了解，其中异常复杂的关系为他所始料不及，这在马云看来"是特别复杂的一个故事"。

当马云与美国投资商进行协调时，对方说是因为香港董事会不同意，于是马云只好随着他们到香港去继续协调。

可是等马云到了香港，才发现原来一切并非如美国投资商所说，根本就不是那么一回事。马云只得和对方折返杭州再进行商议。这次，狡猾的美国投资商竟然把美国董事会给搬了出来，说其实是因为美国董事会不接纳。无奈之下，杭州市政府只得派马云跟美国投资方的人，去一趟远在大西洋彼岸的美国。

就这样，马云开始了自己的美国之行。可让他没有想到的是，本以为很简单的事，却差点成了"有去无回"的惊悚历险。后来，马云提起这件事时说:"简直就是一部典型的美国式风格的好莱坞大片,特别是后来,我到了美国被黑社会追杀,我的箱子现在还在好莱坞呢。"马云到了洛杉矶之后,受到了美国投资商的热情接待,并被安排住进了豪华别墅,但对于合同金的事,对方绝口不提。美国投资商还派了专门的人负责照顾马云的起居饮食,并带他四处吃喝玩乐。但是,马云肩负着杭州市政府委派的任务,感觉压力很大,所以对这些没有心思和兴趣。

看到马云似乎对这些不感兴趣,接待的人便说要带马云去一个更刺激的地方玩。原来这个地方是赌城拉斯维加斯。站在热闹非凡的拉斯维加斯的大街上,马云一点玩的兴致都没有。整天吃喝玩乐,但合同金的事情却没有任何进展,这让马云很郁闷。

马云对赌博没有兴趣,只是抱着试一下的心态玩了老虎机,没想到居然只用 25 美分就赢了 600 美元。随后,他们去看了拉斯维加斯的特色——表演秀。然而,就在观看表演时,马云发现了一个让自己惊恐的一幕——负责接待他的那个人腰间竟然别着一把手枪。马云意识到大事不妙。

果然不出所料,从赌城回来没多长时间,美国投资公司就向马云摊牌了。他们要马云和他们一起合作,共同欺骗杭州市政府来诈取钱财。马云恍然大悟,这原来是一家骗子公司,但为时已晚。于是,马云被软禁了起来,护照、财物等东西全部被扣留,如果不答应合作,就无法脱身,甚至有生命危险。

杭州方面也发现了这是个骗局,但鞭长莫及,无可奈何。可怜的马云,势单力薄落在"虎穴"里,只能靠自己想办法逃脱了。经过一系列惊心动魄的事件之后,马云逃了出来。至于出逃的细节,马云没有说。这也能理解,对于不堪回首的事情,谁都不愿提起。

虽然成功逃脱,但马云的心里很不是滋味,带着杭州人民的希望到美国,却这样狼狈地回去,实在太不甘心了。马云越想越窝火,他重新思考自己接下来该怎么做。

一般人遇到这种事情,从"魔窟"逃出,第一时间会想着赶快离开美国,回到中国。但马云没有这样做，在这里就显示出了他过硬的心理素质。

西雅图绝境中的希望

在洛杉矶机场，马云陷入了痛苦的抉择中，到底该怎么办？突然，他想起了一件事。以前与一个外教同事聊天的时候，听他说自己的女婿在西雅图和人合伙搞互联网。为什么不去找同事的女婿呢？于是，马云决然踏上了前往西雅图的路程。马云对于互联网很好奇，虽然这是一个完全陌生的领域，但天性敏感的他，总觉得它蕴藏着巨大的机会。

到了西雅图之后，按照同事提供的地址，马云找到了那个外教的女婿所在的公司。这个公司名叫 VBN，规模非常小，大概只有 5 名员工。那位外教的女婿名叫 Sam，他非常热情地接待了马云。

1995 年的马云，对电脑很陌生，根本不敢乱动人家的机器。不过，那家公司的人倒很客气，对他说："不要紧，你就用吧。"那个年代，IT 类的硬件东西，恐怕现在大多已不为人所知。据马云介绍，那时候的浏览器叫 Mosec，美国最大的搜索引擎是 Webclou，而雅虎还很小，没有任何名气。

VBN 公司里的人对马云说要查什么就可以在键盘上面敲什么，于是马云就敲了"Beer"，结果搜索出来啤酒品牌有德国的、美国的、日本的，但就是没有中国的。然后他又敲了个"China"，只搜索到了中国的历史介绍，而且只是数十个单词的简介。随后，他查了许多关于中国的数据，但都是空白。

对于互联网，以前只是听闻，现在却亲自接触到了，这多多少少让马云有些兴奋。但让他尴尬的是，中国这么大的一个国家，在互联网上几乎没有任何信息。但反过来一想，这也许就是一个机会。

马云想能不能把自己的翻译社也搬上网络，于是他把自己的想法告诉了 Sam。Sam 很爽快地答应了。VBN 公司的几位小伙子忙碌了起来，他们按照马云的描述做了一个网页，一个现在看起来实在太丑陋的网页，上面有业务介绍、价钱、联系电话和邮箱。

上午设计好了网页，晚上就收到了 5 个咨询邮件。这让马云异常激动。发邮件的人中有 3 名美国人，其中有两名是华裔。他们也异常激动，因为这是在网上见到的中国第一个网页。还有两封邮件来自日本，是咨询价格的。马云很兴奋，他觉得似乎打开了一个神秘而广阔的空间大门。虽然他并不懂网络，甚至对于网络可以称得上是"文盲"，但他有一种发自内心的直觉，觉得这东西将来肯定有戏！同时，也意识到这是一口很深的井，里面有一座宝矿。于是，他萌生了一个想法：要做一个网站，把国内的企业资料收集起来放到网上，并向全世界发布。就这样，一个全球首创的 B2B 电子商务模式诞生了。

决心做互联网的马云就对 Sam 说："我们合作吧，你们在这边负责技术开发，我回国做企业，开拓资源。"

Sam 答应了和马云合作。当时，西雅图那个小公司里的人看着眼前这个瘦瘦小小的中国人，谁也想不到没过多少年，这个人会成为中国互联网界的领军人物。

第 2 章

"中国黄页"，第一只"螃蟹"该怎么吃

互联网是马云选择的最终创业领域。从此，他义无反顾，像一位布道者一样，从"中国黄页"开始，顶着"骗子"的名号四处奔波，最终点燃了中国互联网的燎原大火。然而，由于资本的力量，他黯然出局，结束了第二次创业的旅程。

创业，仅只有 23：1 的支持率

从美国回来以后，马云迫不及待地实施他的创业计划。1995 年 3 月的一个夜晚，马云把 24 位朋友约到自己的家里，说他要成立网络公司。接着他就讲什么是互联网，什么是"因特奈特"。

马云滔滔不绝地讲了 2 个小时，可是，他发现大家并没有像他想象的那样兴奋，而是满脸疑惑地看着他。大家都说互联网这个东西太先进了，太神秘了，劝他别往里面扎，万一出不来怎么办，不如开酒吧、开饭店，或者办个夜校都行，但就是不要干这个"因特奈特"。而且，更让人尴尬的是，有几位朋友提了一些问题，马云没有回答上来，说他还没有想好。

马云有些着急，"怎么大家都反对呀？"虽然他有心理准备，知道互联网在中国还是一个陌生的事物，但没有想到自己苦口婆心地讲了 2 个小时，居然24 个人没有一个人支持他（包括他的夫人张瑛）。就在这时，有一位叫何一兵的朋友说可以试一试，这才让马云松了一口气，总算没有全军覆没。虽然只有23：1 的支持率，但马云认准的事情就不会放弃。

这次创业和第一次创办海博翻译社不同，马云辞去了当时人们很看重的金饭碗——大学教师工作。当时，马云对是否辞职还有些犹豫，但后来一件事情让他下定决心。有一次，他在校园里碰到了系主任。系主任骑着一辆自行车，车把上挂着刚从菜市场买回来的菜。系主任和马云聊了一会儿，劝马云要珍惜目前这份很有前途的教师工作。"我看着他的样子，突然明白，如果继续在学校待下去，他的现在就是我未来的'前途'了！"于是，马云很快就办理了辞职手续，全身心地投入创办互联网公司的事业中。

后来，马云说起当初孤注一掷地做"中国黄页"的理由："其实最大的决心并不是我对互联网有很大的信心，而是我觉得做一件事，经历就是一种成功，你去闯一闯，不行，你还可以掉头。但是如果你不做，总是走老路子，就永远不可能有新的发展。"

要开公司，首先是资金问题。马云自己拿出了六七千元，又从亲戚那儿借来一些，东拼西凑了2万元，然后卖了一些家具，再拉了别人入股，最终凑齐了10万元的注册资金。公司的股东是4个人，马云和张瑛夫妇是大股东，占80%股份，朋友何一兵、宋卫星各占10%，宋卫星不参与公司的具体运营，相当于"天使投资人"。

1995年4月，杭州海博电脑服务有限公司成立，地址在杭州文二路。公司只有一间办公室，电脑只有一台，是马云从美国带回来的。三名员工是马云、张瑛和何一兵。马云是总经理，何一兵是副经理，他们两个主要负责外勤，跑业务；张瑛是内勤，负责给客户发E-Mail。

后来，马云形容自己的创举是"盲人骑瞎虎"，一点儿都不知道Internet是要吃人、吃钱的！

1995年5月9日，公司的网站"中国黄页"上线。"中国黄页"的主要业务就是把企业搬到网络上，给企业做宣传。具体的运作方式是：先向客户（主要是自己的朋友）描述互联网是如何如何的好，然后，向他们要资料，再将资料寄到美国，VBN公司将主页做好，打印出来，再快递寄回杭州。马云将网页的打印稿拿给客户，并告诉客户在互联网上能看到。

顶着"骗子"的称号四处奔波

公司的初创时期最为艰难，特别是 1995 年 4 月至 8 月份，马云和他的公司可以用悲惨来形容。

当时，办公室的租金是要年付，而且还要交付各种杂费，购买办公必需品，先期的 5 万元启动资金很快就剩下五六千元了。随着时间的推移，公司的资金越来越紧张，最少的时候，公司账上只有 200 元。

可以说，公司运作没有多长时间就陷入困境。一方面是资金极度匮乏，常常是等米下锅；另一方面是"中国黄页"的业务局面迟迟打不开。

当时，中国人对互联网的认知度几乎为零。曾经流传着这样的笑话：一个互联网公司的销售员到一家公司谈业务，找到这家公司的两位老总，给他们讲了一大堆因特网、网址、邮箱等方面的东西。两位老总听了一会儿，其中一个问："你说我们也可以注册邮箱，但那东西放在哪儿呀？"另一个问："你们说做了网页的正面，我想看看背面有什么东西？"就这种状况，马云的推销难度可想而知，有谁愿意为一个看不见、摸不着的东西付费。

虽然很难，但马云没有退缩，依旧每天出门推销他的"中国黄页"，让人家心甘情愿地付钱，然后把企业的资料放到网上去。互联网是什么东西？没有人相信他，吃闭门羹是家常便饭，谁愿意听一个云里雾里、虚无缥缈的童话故事。在那段时间里，马云过的是一种被人视为骗子的生活。

那时，有一位杭州人在大排档里见过马云，说马云是个喝得微醺，跟一大帮人神侃瞎聊的小市民，在他身上根本看不出来曾经是一名大学教师。后来，

预见未来：马云商传

有一位朋友提起此事，让马云注意仪表，毕竟是个总经理。马云却毫不在意，表示在大街上宣传自己的公司没有错。

为了打开"中国黄页"的业务局面，马云决定改变推销策略，放弃"眉毛胡子一把抓"的这种毫无目标的方式，而是"兔子先吃窝边草"，从身边的人下手。

推销策略的改变还真起到了效果，马云找到了公司的第一位付费客户——望湖宾馆，杭州的一家四星级宾馆。马云有一位朋友叫周岚，在望湖宾馆做大堂经理。通过这种关系，马云做成了这笔生意。周岚最后成了马云的第二任秘书，后来成了阿里巴巴的高管。

就在望湖宾馆的项目完成时，恰逢1995年世界妇女大会在北京召开，外国代表在来中国之前，专门上网去了解中国宾馆的情况。而她们在网站上所能查到的中国宾馆就只有位于杭州的一家宾馆——望湖宾馆。外国代表到了中国之后，专程从北京飞到杭州，住了两个晚上。

1995年7月，上海开通互联网专线。为了证明自己没欺骗客户，马云决定在杭州上网给客户看。他从杭州拨长途电话到上海，通过拨号连接互联网，但由于网速太慢，只有24K，最终花了3个半小时才把望湖宾馆的照片打开！备受煎熬的马云欣喜若狂，他终于证明自己不是骗子。为了记录这一重要的时刻，马云请电视台记者进行了全程录像。

马云谈成的第二个业务，是钱江律师事务所的项目。这个事务所里，有马云的一位朋友，叫何向阳，是马云的学生。刚开始，这位朋友也不相信马云所说的事，但没有想到事务所的网页挂上去没多久，就有加拿大的客户打电话来咨询了。

后来，随着无锡小天鹅、北京国安足球俱乐部等互联网主页的发布，马云的"中国黄页"开始越来越有名气了。公司的经营状况好了起来，到1997年年底，网站的营业额居然达到了700万元。

马云终于挺直了腰杆，带着团队在全国范围内开始开展业务了。在那些没有互联网的城市，他们还被视为骗子，但马云的底气更足了，劲头更大了。万事起步难，他已经走过了最艰难的时刻，现在没有什么能阻挡他前进的脚步。对此，他曾经说过这样的一句话："互联网是影响人类未来生活 30 年的 3000 米长跑，你必须跑得像兔子一样快，又要像乌龟一样耐跑。"确实，马云正是在这种快与慢的磨炼中获得成功的。

被别人当小孩耍的悲惨经历

在"中国黄页"经营的初期，马云曾经被人狠狠地骗过一次。马云后来在一次演讲中提到那次受骗的经历。他说："我认为做生意最重要的是讲诚信，刚开始创业时，我被几个深圳老板骗得晕头转向，人家把你当 3 岁小孩耍。可是今天我马云的企业还在，并且活得很好，而那几个人连同他们的企业早已销声匿迹。"

当时，"中国黄页"由于得到了全国很多大媒体的相继报道，名声逐渐大了起来，发展形势一片大好，马云也是信心十足。

1995 年 9 月的某一天，有五个来自深圳的生意人找到马云。他们表示很看好"中国黄页"这个项目，希望与马云进行合作，愿意成为"中国黄页"在深圳地区的总代理，并一次性开出了 20 万元的价码。面对这种好事，马云当然非常高兴。

对于马云来说，这 20 万元简直就是雪中送炭。因为当时，"中国黄页"正处于初创期，最缺的就是资金。另一方面，由于大家都不看好互联网，这五个人愿意做"中国黄页"的代理，对公司业务是一个很大的促进。所以马云几乎想都没想，就答应了对方的合作要求。

虽然马云很聪明，也很有智慧，但经验不足，在冲动之下，连书面合作协议都没签，就把"中国黄页"的核心商业模式和技术精髓全都无私奉献了出来。并且为了表明自己的合作诚意，让对方看到自己团队的工作效率，他还亲自带领公司的几位骨干技术人员跑到深圳，昼夜不停地给对方架构开发系统。做完之后，对方非常满意，表示三天之后就到杭州跟"中国黄页"签订合作协议。

听到这个承诺，马云满心欢喜地回到杭州，等待对方来签合同。20万元的资金马上就要到账了，那种感觉对于缺钱的马云来说，别提多爽了。

然而，三天过去了，那些人并没有按照约定过来签合同。马云担心他们出了什么事情，就打电话过去询问。对方只是说有事情耽搁了，让他再等等。但是等了一段时间后，对方仍然没有来杭州签合同。

这时，马云才感觉出了大问题，就再次打电话催问，结果得知消息，对方在深圳召开了新闻发布会，宣布自己的企业已经开发了一个非常漂亮的网站。马云上网上一查，发现对方的网站与"中国黄页"的一模一样。

马云知道自己被骗了。他非常失望、无奈和愤怒，但一切都无济于事。那可能是在他的创业生涯中受到的重大的打击之一。

这件事也让马云对经商的诚信有了深刻的认识。在以后的阿里巴巴发展过程中，诚信一直是马云坚守的底线，也成了公司的核心价值观。

终止合作，自己做服务器

"中国黄页"与美国VBN公司合作，收入分成比例为4∶6，"中国黄页"占四成，美国公司占六成。这让马云觉得很不划算，自己在这边带领团队费了九牛二虎之力拿到订单，只能分到四成，而对方只是敲敲键盘就能拿到六成。

于是他谋划着自己做服务器。这时，一个叫李琪的小伙子加入了公司，使他的计划得以很快实施。

1996 年初，"中国黄页"开始大规模地招募新人。在招聘会上，技术总监何一兵碰到了李琪，并把他招进了公司。李琪刚从中山大学计算机系毕业，回家乡杭州探亲，碰上了招聘会，想看看情况，结果阴差阳错地进了"中国黄页"。谁也不会想到，李琪最终会成为阿里巴巴大名鼎鼎的牛人。他是马云本土团队中成长起来的干将之一，也是当时除马云之外、位置最高的一位"土鳖"。阿里巴巴曾经有四个"O"，其中两名"海龟"：CFO 蔡崇信和 CTO 吴炯；两个"土鳖"：CEO 马云和 COO 李琪。虽然 2008 年李琪离开了阿里巴巴，但他对公司开创阶段的贡献着实不小。

李琪不太爱说话，但技术过硬扎实，态度严谨务实，很快就成了公司的技术骨干。刚开始，李琪并没有引起马云的注意，他们的第一次见面是在一个培训班上，马云只是说了一句："你是新来的员工吧，欢迎你，好好干！"后来，李琪脱颖而出，才引起了马云的重视。

当时，马云正琢磨如何在中国建立服务器，不再受美国 VBN 公司的制约。李琪的出现，让他觉得是非常合适的人选。于是，他便带着李琪去了美国。在那里，他们一起参观了"中国黄页"租用了一年多的服务器，并且还去了非常有名的硅谷，参观了网景、雅虎等公司，接触到了许多国内没有的新技术、新设备。

这些新技术和新设备对技术水平很高的李琪来说并不是很难，经过不断的了解和研究，他很快就弄明白是怎么回事了。

回到国内后，在马云的领导下，李琪迅速展开了"中国黄页"自己网站和服务器的建立工作。没过多久，"中国黄页"自主开发的网页就推了出来。虽然网页很难看，但毕竟是自己研发的，大家都很兴奋。

随后，马云就终止了与美国公司的合作，"中国黄页"摆脱了束缚，真正地自力更生，独立发展了。

悲剧式的北京互联网"布道"

为了把"中国黄页"打造成"中国雅虎"，在业务推广方面稍微有了起色之后，马云雄心勃勃地来到北京。他想说服那些重要的机构和部门开放信息资源，跟"中国黄页"合作，把中国的媒体、文化、体育搬上互联网。

1995年的深秋时节，马云与何一兵带着一摞宣传资料和一台电脑到了北京。他们首先去中关村找当时中国互联网行业最著名的人物张树新。张树新创办的瀛海威是中国最早的互联网公司，她的那句"中国人离信息高速公路有多远——向北1500米"的广告语成了当时最响亮的口号。可惜，那时候张树新非常忙，没有时间和马云他们畅谈。马云失望而归。

不久以后，马云认识一位也和他一样非常讲义气的朋友——钱锋（后来去了加拿大）。钱锋在四通公司干过，后来做传呼机生意。为了帮助马云，钱锋放下了自己的生意，整天开车拉着马云奔走在北京的各大部委之间。可是，由于那时候中国政府对要不要发展互联网的态度还不明朗，也没有明确的红头文件进行政策性的表述。马云的奔波效果微乎其微。

后来，马云通过朋友介绍，费尽周折，见到了《中国贸易报》的总编孙燕君。见面之后，马云使出浑身解数，大讲特讲因特网，还从电脑里面调出"中国黄页"的"Homepage（主页，首页）"，一页一页地给孙总编演示。最终他们达成共识：因特网是个有前途的东西。孙总编答应帮助马云。

几天之后，《中国贸易报》的头版刊登了一篇5000字的长篇特稿——《走近马云》。这是北京媒体第一次报道马云和"中国黄页"。

随后,在孙燕君的帮助下,马云在北京长安俱乐部举办了一场以报界和商界人士为主的联谊活动。为了这个活动,马云和他的同事们整整地苦干了两天两夜。在那天的活动上,马云做了演讲,并大力宣传互联网。他的开场白是:"世界首富比尔·盖茨说,互联网将会改变人类生活的方方面面。"对于这个经典的开场白,多年以后,马云表示:"那句话其实不是比尔·盖茨说的,是我说的,但那时说是自己说的谁会相信你?这叫站在巨人的肩膀上,因为我相信,比尔·盖茨有一天一定会说的。"

联谊活动虽然没有取得太大的突破,但总算让许多北京媒体界和商界的人对互联网产生了兴趣。这让马云很高兴。

可是,没有多久马云就高兴不起来了,甚至是沮丧和绝望,因为媒体在那次联谊会之后接到了一个通知:在没有政府明文表示支持的情况下,任何媒体不得大肆宣传互联网。原来是中国工程院的一些院士向政府上书提了意见。

那些想帮助马云的朋友觉得有些过意不去,商量一番之后出了一个主意:如果马云能说服《人民日报》上网,其他的媒体就可以报道互联网了。

这是个好主意,但难度太大了。作为"中国第一媒体"的中央政府的喉舌,哪能轻易搞定。

但既然有了目标,马云就不会放弃。因为对马云来说,遇到问题不会找借口,只会找方法。他突然想起有一个朋友在《人民日报》办公室里负责行政工作,就决定以此为突破口。这时,他的口才发挥了很大的作用,而且运气也不错,得到了一位报社领导的赏识。在这位领导的推动下,他给报社处级以上干部上了两堂课,讲述互联网。马云的讲课起到了很好的效果,报社决定向上级主管部门申请上网。

幸运的是,上级很快批准了《人民日报》上网的申请。马云非常高兴,立刻带领从杭州调过来的团队,参与报社上网的工作。通过大半年的努力,1997年1月1日《人民日报》主办的人民网进入了国际互联网。这次,马云虽然没有赚钱,但他达到了自己的目的,从高层打开了互联网推广传播的一个小口子。

虽然在《人民日报》取得了小小的成绩，但其他重要媒体和部委却没有任何进展，比如《经济日报》、当时的文化部、国家体委等单位，很客气地接待了他，但合作没门。马云每次都是乘兴而去，失望而归。

在北京期间，"中国黄页"推销不顺的马云有一件影响比较大的事情，就是录制了一个专题片《书生马云》。这部短片是马云在北京最真实的写照。

樊馨蔓是马云的老乡，在中央电视台《东方时空》栏目组工作，很善良，也很热心。她被马云的一腔热情深深地感染了，遂向台里推荐了马云。在樊馨蔓的帮助和推动下，中央电视台的《东方时空》栏目组录制了专题片《书生马云》。现在网上还能搜到这段视频。

这部短片清晰地记录了马云当时在北京现场推销"中国黄页"的画面，里面不时地会闪现出他到处碰壁，吃闭门羹的镜头。他就像一个无业游民一样，不停地行走在满怀希望和沮丧绝望之间。《书生马云》的结尾：马云疲惫地坐在北京的公交车上，满脸茫然，神色凝重地呆望着车窗外的街灯，喃喃自语："再过几年，北京就不会这么对我了；再过几年，北京就会知道我是干什么的！"

马云就像一个互联网的"布道"者，满怀赤诚，执着无畏，豪情万丈，可是在冰冷的现实面前碰得头破血流。尽管他不是一个轻易放弃的人，但看到就这样在北京干耗着却没有任何成果，而且杭州那边也有很多事，最终决定南归。

"中国黄页"被杭州电信收编

虽然马云在北京没有太大的收获，被迫回归，但是杭州的"中国黄页"却取得了不小的成绩。到1995年年底，公司已经快接近盈亏平衡了，营业额也已突破了 100 万元。不过此时,马云的"中国黄页"在一夜之间冒出来了许多竞争对手。

首先是"中国之窗"。这是中科院下属的高能物理所自主建设的一个网站,建立于 1995 年 5 月。由于拥有强大的背景,以及与全国各地多家网络公司的密切合作关系,"中国之窗"具有十分重要的影响。不过,"中国之窗"是国家机构推出的网站,没有盈利压力,商业运营能力不强。另一方面,由于它的大本营在北京,距离杭州比较远,对马云的"中国黄页"没有实质性的威胁。

另外一个是田溯宁的亚信。亚信的主要业务是承接杭州 Internet 的接入服务。它差点成了"中国黄页"的死敌,幸好田溯宁觉得做这块风险较高,一是"中国黄页"的优势比较明显,二是杭州电信实力雄厚。如果与其竞争后果难料,另外,当时亚信关于互联网工程的项目非常多,有点应接不暇,于是很快就退出来了。

最后就是杭州电信,对马云的"中国黄页"威胁最大。杭州电信从"中国黄页"的成功看到了互联网的广阔前景,于是迅速进入这一市场,与"中国黄页"展开激烈的竞争。

马云面临着巨大的压力,因为这不是一个重量级之间的对决,双方实力悬殊。"中国黄页"的注册资金只有 10 万元,而杭州电信则高达 3 亿元;"中国黄页"是由一群白手起家的草根组成,可利用的社会资源非常有限,而杭州电信则是政府做后台的国有单位,具有强大的行政资源和网络技术平台。

这可以说是典型的小米加步枪与飞机大炮的较量。然而,首轮对抗之后,结果却出人意料,马云带领的"中国黄页"获得胜利。因为双方的业务水平和技术能力刚好与体量相反,杭州电信在这一方面完全不是"中国黄页"的对手,被打得节节败退。

然而,等杭州电信缓过劲来之后,雄厚的实力使其在相持阶段逐渐占据了上风。马云的"中国黄页"明显后劲不足,资金、资源、信息的严重匮乏使其"有心杀贼,无力回天"。这让一腔热血、胸怀大志的马云感到深深的挫败和痛苦。

为了能够使"中国黄页"继续活下去,马云别无选择,只有同杭州电信进行合作。1996年3月，双方正式合作，"中国黄页"将资产折合成60万元人民币，占30%的股份；杭州电信所属的迪富公司投入资金140万元人民币，占70%的股份。"中国黄页"被杭州电信收编后，马云还是担任总经理一职，其团队全部留任。在董事会里，杭州电信占五个席位，"中国黄页"只占两个席位。

从商业角度来说，这是一次很不错的合并。虽然是无奈之举，但马云毕竟为公司找到政府这座靠山，以后的发展前景很好。

遭遇背叛，坚决离开

马云与杭州电信合作初期还比较顺利。马云优秀能干的团队、丰富的运营经验与杭州电信强大的资源结合在一起，使得新公司的业务迅速发展起来，到1997年的时候，营业额突破了700万元。

但是，好景不长，问题就逐渐地暴露出来了。首先是理念上的冲突。自古以来，"志同"才能"道合"，而马云与对方的根本问题恰恰就出现在"志"的差异上，也就是说在战略层面上分歧很大。马云的宏伟目标是把"中国黄页"打造成"中国的雅虎"，他主张先培育市场，等市场做大了再考虑赢利；而杭州电信方面截然相反，他们把赢利作为首要目标，先把钱赚到手再说。这使得志向远大的马云对杭州电信方面的短视感到非常痛心，他曾经这样质问对方："公司犹如养一个孩子，你们总不能让3岁小孩去挣钱吧？"

可是，作为大股东的杭州电信具有绝对的发言权和决策权，马云只能憋屈地执行。虽然他是总经理，但对决策的影响力很小，到后来，他提出的所有经营方案几乎都被杭州电信方面一口否决。

另一方面，在日常工作中，马云团队的人员与杭州电信方面的人员待遇相差很大。当时合作时,双方分工是这样的:马云团队的人员负责外勤,跑业务,开拓市场;杭州电信的人员负责内勤,舒舒服服地待在办公室里忙着落实上级精神。时间一长,这让马云团队的人员怨气很大。

"如果不是有马总在,我早就已经辞职了!"

"我们整天在外面辛辛苦苦地跑业务拉客户,风吹日晒,受气受累,他们却舒舒服服坐在办公室,还一副趾高气扬的样子,真是让人看不惯!"

"欺负我们也就算了,没想到连马总也一起欺负,真是太过分了。听说马总这次提出的经营方案又被否决了!也是,他们在董事会有五个席位,我们只占两个,怎么能赢?"

这种积怨像一颗炸弹,随时都有引爆的可能。没过多久,发生了一件事,彻底激怒了马云及其团队。

1997 年的一天,马云正带着几个人在外面谈业务,突然接到"中国黄页"技术负责人李琪打来的电话。他急切地说道:"马总,你快回来,出大事了!"

听了李琪简单的几句解释后,马云立刻挂了电话,给身边的几个人安排了工作,随后迅速返回公司。

"马总你看!就是这个!"马云一回到公司,李琪就让他看电脑屏幕上的信息。"你看,名字和我们公司一样,也叫"中国黄页"。你再看这个网址,Chinesespage.com,和我们的 Chinapage.com 几乎一样,这是公然的抄袭!而且还不是一般的抄袭!"

马云仔细看完后,给杭州电信打电话,询问到底是怎么回事。结果得知,这家"中国黄页"是杭州电信在本地注册的一家全资子公司。

杭州电信的用意非常明显,马云的老"中国黄页"已经在杭州城乃至周边省、市打出响亮的品牌,建立了广泛的声誉,这些宝贵的资源直接拿过来用,当然是一本万利的事情。

马云这时才恍然大悟:自己被人家耍了。他回过头把合作前后的事情仔细想了一遍,彻底想明白了,杭州电信这是玩了一把阴的:我竞争不过你,但我可以和你合作，合作的目的就是买来——灭掉——自己再发展。

原来一开始，杭州电信方面就没有长期合作、共同发展的意愿，之所以和"中国黄页"合作，其目的就是为了避免两败俱伤，同时掠夺"中国黄页"的资源，并最终灭掉"中国黄页"。

想清楚杭州电信的险恶用心，马云后悔莫及，感叹自己没有在一开始就认识到这一点，结果害得"中国黄页"面临如此困境。

马云愤怒极了。自己带领团队四处奔波，苦苦打拼，被人骂作"骗子"，遭人白眼，吃闭门羹，原本想轰轰烈烈地干一番事业，现在却被人给彻底毁灭了。这种替别人做嫁衣的感觉太憋屈了，马云想到了辞职。

没想到一石激起千层浪，当马云辞职的消息传出来以后，在"中国黄页"内部引发了一场辞职风暴。马云团队的全体员工好像商量好了似的都提出了辞职。这件事引起了很大轰动，各大媒体纷纷关注，包括《人民日报》。后来，在各方面的协调下，马云收回自己的辞呈，这场辞职风波才逐渐平息。但是，这被杭州电信方面看作是"逼宫"，对马云更加嫉恨排挤，双方关系也更加恶化。

最终，心灰意冷的马云还是离开了公司。辛辛苦苦养大的孩子已经不属于自己了，再怎么留恋也是无用功，还不如洒脱地放手。

第 3 章

从头再来，失败是一种爆发前的积累

离开"中国黄页"的马云进入了彷徨期。随后，他选择了与中国电子商务中心（EDI）合作。但由于理念的不同，马云再次尝到了不能做主的痛苦和憋屈。经过深思熟虑，马云决定离开北京回到杭州再次创业。已经35岁的马云拉开了第四次创业的序幕。

加盟中国国际电子商务中心

"中国黄页"的事让马云郁闷不已，就在这时，他收到了中国外经贸部下属的中国国际电子商务中心的邀请函，请他担任信息部的总经理。而且，外经贸部还给出了非常优厚的条件：提供 200 万元的启动资金，并承诺给其团队30% 的股份。

马云决定北上加盟 EDI。当他宣布自己的决定时，团队成员都震惊了，以为他在开玩笑。然而，当大家看到他严肃认真，甚至是有些决绝的表情时，都沉默了，没有人说一句话。突然，有个女孩哭了，场面一片混乱，大家都不知道该怎么办。

随后，有很多人都要求跟随马云去北京。马云给大家做思想工作，说虽然自己去北京，但并不是离开"中国黄页"，只是想在北京把"中国黄页"带起来。所以希望大家在杭州好好工作，共同把"中国黄页"做好。最终，马云带领了 6个人去了北京，并没有带走团队的全部骨干（后来陆续有 5 个人也跟了过去），虽然离开了，但马云不想"中国黄页"因此而垮掉。

到了北京之后，马云和他的团队迅速展开工作。他们刚开始的主要任务是开发外经贸部的官方网站。这是一个内部网站，主要功能有两个：一是在外经贸部及其下属机构在网页上，为企业办理各种与外贸相关的审批手续；二是外经贸部可以在上面发布外贸政策法规。马云当时想建一个与因特网相连的开放的互联网，不想建一个内部网。但由于当时上级领导坚持，他只能服从。

　　在马云及其团队的努力下，网站很快建好了。但运营的效果并不理想，业务非常冷清。后来，在马云的不断建议下，外经贸部高层决定由 EDI 合资成立国富通信息发展有限公司，马云担任公司总经理。

　　国富通成立后，马云才真正开始自己一直想做的互联网项目。他们做的第一个项目是"网上中国商品交易市场"。这是马云当时做得最成功的一个项目，也是中国政府机构首次组织的互联网大型电子商务实践活动。由于网上中国商品交易市场是在互联网的开放环境下运行的，因而中小企业上网非常踊跃，因此在创办当年就实现了盈利。时任外经贸部部长的石广生出席了网上中国商品交易市场的开幕式，并做了重要讲话。他说网上中国商品交易市场是"永不落幕的交易会"。

　　在一年多的时间里，除了网上中国商品交易市场，马云和其团队还成功地推出了网上中国科技出口交易会、中国招商、网上广交会等一系列网站。可以说，马云与他的团队当时几乎建好了外经贸部的所有网站。

返回杭州：志不同不相为谋

　　马云在外经贸部做出了很大的成绩，而且也是 EDI 信息部经理，但在涉及重大利益的决策上，他并没有多少发言权。因为从编制上来讲他只是一个编外人员。一个不是体制内的人，谁会重视你的意见。

　　而且马云发现，在政府部门很多事情做起来很难，存在着许多没法说的问题。在网站的定位上，马云与领导之间存在很大的分歧。马云认为电子商务应该支持中小企业、私有经济，而且网站一定是开放式的，而他的领导则认为他们要为大型国有企业服务，建立内部的封闭系统。这种分歧，让马云开始思考自己来北京的目的是否能够实现。对于马云而言，他来北京是为了创业，是为了追寻自己的互联网梦想，而不仅仅是为了钱。马云感到现实与自己的理想差距越来越大。他在内心哀叹："这里不是我想要的企业，而只是政府的一个部门。"

更让马云难以忍受的是，EDI 方面承诺的 30% 股份，在他们做出成绩后，却无法在体制内真正兑现。虽然马云对钱看得很淡，但这怎么对得起那些跟他一起来到北京的团队成员。

当时，网络大潮席卷全球，中国的网络热也急剧升温，五花八门的网站如雨后春笋般冒了出来。特别是新浪、搜狐、网易等门户网站，一路高歌猛进，势如破竹。作为中国网络第一人的马云，起了个大早，却赶了个晚集，这让他非常不甘心。他不断地对自己说："我要的不是一份舒适的工作、一份高额的薪水，我想创建一个全世界最大的商业网站。"

在这个过程中，雅虎公司的创办人杨致远向马云伸出了橄榄枝，希望他担任雅虎中国的总经理，新浪也想重金邀请马云加入，但都被马云拒绝。在经过深思熟虑之后，马云终于决定离开北京，回到杭州重新创业。虽然这是一个非常痛苦的决定，但为了那份不甘，为了心中的梦想，他必须这么做。

其实，马云离开北京的时候，只是有一个大致的想法和方向，还没有考虑好到底具体要做什么，他只是觉得中国中小型企业遍地开花，数量众多，很有活力，为它们服务一定非常有前景，而且中国互联网的发展一定也会很好。马云选择杭州创业的理由非常简单：一是杭州位于中小企业最多的江浙地带；二是杭州远离北京、深圳这些喧闹的 IT 中心，人力成本相对更低；三是杭州毕竟是自己的家乡，各种资源更丰富。

决定之后，马云把他从杭州带过来的团队成员召在一起，说有事情要宣布。然后他严肃地对大家说："我决定要回杭州了。现在，我给你们三个选择：第一，你们可以留在部里，这有外经贸部这棵大树，也有宿舍，在北京的收入也非常不错；第二，你们在互联网混了这么多年，都算是有经验的人，也可以到雅虎，雅虎刚进中国，是家特别有钱的公司，工资会很高，每月几万块的工资都有；第三，也可以去刚刚成立的新浪，这几条路都行，我可以推荐。反正我是要回杭州了。"

接着马云又说："当然，你们也可以跟我回家，进行二次创业，但会很苦，非常辛苦。工资只有 500 元，不许打的，办公就在我家那 150 平方米的房屋里，而且做什么还不清楚，我只知道我要做一个全世界最大的商业网站。如何抉择，我给你们三天时间考虑。"

马云是很痛快地说完了，但把选择的痛苦留给了大家。听完马云的话以后，大家的情绪都非常低落，离开互联网技术、信息以及资金、传媒关注度最密集的北京，还能有什么希望呢？但是，马云是他们的头儿和主心骨，如果他走了，留下来还有什么意思。大家都陷入了纠结、无奈和茫然之中。

接着马云告诉大家："我们不需要那么多最新的技术，不能听每天流传于坊间的各种浮躁的声音，如果控制好成本，做个网站并不需要太多的资金，做电子商务的第一需要是来自传统行业中的小企业客户，而他们主要集中在浙江。这是非常大的优势。"

虽然马云给了三天的考虑时间，但 5 分钟后，大家对马云说："我们回杭州，一起来一起回去。"马云非常感动，这是多么好的兄弟姐妹，这是多么好的团队。虽然有的人反对，有的人不理解，但是到最后做选择的时候，大家没有任何犹豫，坚决地选择相信他，追随他。

在离开北京之前，马云与团队成员一起去攀登了八达岭长城。去长城那一天，也许是即将离开北京去创业，前途未卜，再加上长城厚重的历史，总让马云有一种悲壮的感觉。那天，马云穿了一件红色的棉衣，头上戴着一顶毛茸茸的大毡帽。他们在长城上非常兴奋和激动，豪情勃发，发誓要建立一个让所有中国人都为之骄傲的网站。他们在长城上拍了集体照，留作纪念。古老的长城也给了马云最新的灵感，他看到许多砖块上都刻有"×××到此一游""×××到此留念"的文字，觉得非常有意思。他说："如果说我要创建公司，我第一步就是从 BBS（电子公告板）开始。"

后来，他们在长城上的集体照，被当作历史资料载入了阿里巴巴的史册。

离开北京前的一个晚上，马云和团队成员在一个小酒馆里聚餐。那天晚上，北京的天空下着很大的雪。他们这些秀气的江南人却大碗喝酒，大块吃肉，最后一起唱起了《真心英雄》。许多人都喝多了，不记得马云到底说了些什么，但那首歌却清晰地印在了心底。面对莫测的未来，他们有些迷茫和恐惧，但更多的是希望和激情。他们抛弃北京所拥有的一切，义无反顾地跟随马云去创业，大有壮士一去不返的决绝。

那一晚，充满悲壮苍凉，混杂着热血豪情。其中还有一个小插曲，成为大家后来的谈资。当时大家都喝多了，只留下了一个兄弟结账，这个人就是从国企辞职追随马云的谢世煌（后来出任阿里巴巴集团投资总经理）。谢世煌醉得很厉害，连找的零钱都没有拿。后来，他居然坐在马路边哭了，口里絮絮叨叨说个不停。这时刚好有一位北京老大妈经过，见此情景，便好心地安慰说："小伙子，听大妈一句劝啊，别太伤心了，不就是失恋吗？天下好姑娘多得是，大不了咱重新找！"

1999 年 1 月 15 日，马云和他的团队悄然南归。那一年，马云 35 岁，放弃了令人艳羡的工作，拒绝了很多公司的邀请，毅然离开北京，返回杭州，重新出发！35 岁，对于大多数中国人来说，人生已经基本定型，即使是对今天从事互联网的人而言，似乎也已经是一个不敢"任性"的年龄。然而，已经 35 岁的马云，却以飞蛾扑火般的执着，坚定而无畏地追寻着心中的梦想！

马云绝不给别人打工

在马云的创业过程中，不乏在其他大公司担任要职的机会，但他都放弃了。

他需要一个自己能完全掌控的公司，去实现曾经的梦想。所以，他绝不给别人打工，而是要自己独立创业。

1998年7月，正是雅虎公司刚刚进入中国市场的时候，当时，雅虎迫切需要一位精通互联网经营、管理、市场的本土经理人。雅虎的创建者杨致远立刻想到了马云。

马云与杨致远相识较早。马云有一次去美国出差，在一个很偶然的机会结识了杨致远，两人彼此都很欣赏，随后一直保持联系。

后来，雅虎想进入中国，与外经贸部中国国际电子商务中心下属的国富通有合作意向，作为国富通总经理的马云负责谈判工作。由于马云与杨致远的关系，合作谈判工作进展得非常顺利，很快就达成了合作意向。那次来中国，杨致远在北京总共待了3天，马云全程陪同，而且两人还一起登上了长城。

这一次，杨致远以万分的真诚邀请马云出任雅虎中国的总经理。然而马云却委婉地谢绝了，他的理由是"将来可能要创办一家自己的公司"。

当时，马云还调侃着对杨致远说："老杨，你看我将来创办一家叫作'阿里巴巴—雅虎'的公司怎么样？"杨致远毫不在意地笑了，那其中的意味显而易见：这只是一个太过于"天真"的想法。

与此相隔不久，马云又拒绝了当时的网络新贵搜狐的邀请。事情的经过是这样的：

在互联网疯狂的年代，猎头公司的业务格外繁忙，高端IT人才"挖"与"被挖"的较量也异常激烈。为了找到合适的COO（首席运营官）人选，北京的一家猎头公司为搜狐组织了一个小型的见面会。巧合的是，当时马云还没离开北京，尽管国富通总经理的头衔已经名存实亡了。

于是，阴差阳错，马云就被猎头"忽悠"到了搜狐的办公楼。

当时，搜狐总裁张朝阳还忙着在外"作秀"、身先士卒地做"代言人"，以提高搜狐的知名度。于是，面试马云的重任自然就落到了时任搜狐高级副总裁的古永锵身上。

预见未来：马云商传

古永锵和马云谈得非常投机，双方对于中国互联网未来发展的看法不谋而合，大有"英雄所见略同"之豪情。古永锵深刻地意识到马云"是个不可多得的人才"，当时，他就觉得有种"众里寻他千百度，蓦然回首，那人却在灯火阑珊处"的惊喜。他甚至都在想象：如果马云能加盟搜狐公司，对张朝阳来说，绝对是如虎添翼；而自己也有了一个可以与之共谋发展的好伙伴；而对王志东、丁磊这些门户老大们来说，势必又多了一个"克星"。这种发现"宝贝"的惊喜让古永锵显得神采飞扬。

然而，谈到最后，马云的一句话让古永锵几乎瞠目结舌——"古先生，其实我今天不是真来应聘的，就是想来看看你们的公司，我正在筹办一家自己的公司。"

马云说这句话的时候非常冷静，而听到这句话的古永锵却不淡定了。他刚刚还为自己慧眼相中一匹"千里马"而激动不已，却没有想到结果会这样。他有些尴尬，甚至有些手足无措，心中涌现出无比的失落感。可是，马云却上前握着他的手说："古先生，其实我看你本人就挺适合 COO 这个职位的，何必再四处招人呢？"

古永锵这才稳定了情绪，很僵硬地笑了笑。他当时认为这只是马云恭维自己的话，并没有在意。但是事实证明马云的眼光是非常精准的——两年之后的古永锵真的成了搜狐的 COO。

马云就是这样，只为心中的梦想——创建一家伟大的互联网公司而奔跑在路上，毫不留恋沿途的美丽风景。

PART 2

开门吧，阿里巴巴：马云的 B2B 新征程前三次创业的失败，让马云饱尝了委屈、伤痛、无奈、辛酸、劳累的滋味，但也积累了丰富的经验，组建了忠诚的团队，坚定了做互联网的决心。志存高远的马云最终决定做电子商务，采用 B2B 模式，创建阿里巴巴。"十八罗汉"在湖畔花园，用 50 万元人民币开启了他们的梦想之旅——让天下没有难做的生意。

第 1 章

闭门造车，出门合辙

筹措启动资金、选择办公地点、建立公司愿景、潜心打造网站，马云开始领导阿里巴巴在互联网世界打拼了。

50 万元的筹资大会

1999 年 1 月份，从北京回到杭州的马云开始新的创业征程。一天下午，马云通知他的团队成员在自己家里开会。等人员都到齐了之后（还有谢世煌等人在北京处理善后事宜，这次没能参加），马云开门见山、直入正题地说道："大家跟我从北京回来也有些日子了，现在我们要开始创业了。"

大家相互看了一眼，都没有说话，继续听马云讲："这次，我们一起创业，虽然是站在同一条船上，风雨同舟，但有几个原则必须坚持：第一，你们不能向父母借，不能动老人的退休养老钱；第二，你们不能向亲戚朋友借，不能影响人家一辈子的生活。我们都要愿赌服输，即使真的输了也是输自己的钱，大不了我们再重新开始，但绝不能让家人跟着一起遭殃！"

马云考虑得很周全，他真的不希望这些伙伴跟着自己一起赌而连累他们的家人和朋友。尽管跟着马云一起干了那么多年，这些人也做好了赌一把的心理准备，但马云不想让他们把赌注押得太大。这说明马云开始创业的时候心里根本没有底，只是凭着执着和信念决定拼一把。

听完马云的讲话之后，大家就遵守使用"闲钱"的原则，开始一万、两万地凑，最后凑了 50 万元。其实，这些钱根本不是什么闲钱，大家基本上都把家底子翻个底朝天了。当时的参与者之一，在后来接受采访时还说："记得大家很可怜，每个人都是一两万的样子，我觉得我们这帮人都有点好赌的心理。"

他们就这么穷吗？难道工作了几年就没有点积蓄吗？事实确实如此。在外经贸部工作了 14 个月，工资也不低，按理说，他们手头都应该能攒下一些钱。但大家都是年轻人，平均年龄还不到 30 岁，在北京这样的大都市，消费水平本来就不低，再说大家当时也没想过会有今天之"下场"，所以基本都是"月光族"了。

在这次筹资大会上，大家七拼八凑的 50 万元人民币，也就是阿里巴巴的启动资金了。

也许有人会问，凭着当时马云的知名度和影响力，区区 50 万元的启动资金自己解决不了吗？当然可以完全搞定。然而，他为什么还要让大家从牙缝里挤出那点可怜的钱呢？这里就体现出了马云的良苦用心。

在互联网最疯狂的 1999 年，50 万元人民币只能算毛毛雨，与当时整个行业烧钱如烧纸的大环境的确不相称，几笔广告费就可能把这些钱全部"烧"光了，更别提那些高昂的公关费了。而且，当时的海外风险投资已经开始追捧中国的互联网公司了，仅凭马云与杨致远的关系，想搞定一笔融资应该不是太难。

但是，马云明白，这笔种子资金是自己出，还是大家共同出，企业的性质就会截然不同。而且，如果创业成功，最终的收益也会相差很大。共赢，共同富裕才是马云所追求的目标。自己赚钱了，而后面跟随的兄弟姐妹们却没有，这不是马云非常仗义、义气的风格。另外，一个人的公司与大家共同的公司，其创业的动力和凝聚力也是完全不一样的。

在筹资的过程中，马云还思考到了另一个问题：随着公司的进一步发展、壮大，创始人的元老心态有时会阻碍一个公司前进的步伐，而如果能防微杜渐、未雨绸缪，甚至让元老从一开始就死了这条心，将是有百利而无一害的。于是，马云在这次筹资会议上给大家定下了规矩，非常严肃地告诉大家不要指望靠资历任高职："你们只能做个连长、排长，不要指望当师长，团级以上干部我得另请高明。"马云确实从外面空降了一部分高管，但最终还是非常信任和重用这些一起创业的元老，只要他们有能力，也愿意干，都会在阿里巴巴集团中担任要职。

"十八罗汉"的"湖畔呐喊"

1999年2月，马云在杭州湖畔家园的家中召开了第一次全体员工会议，也是一次动员大会、誓师大会。当时参加会议的人员只有16位。随后又有两位成员加入，被称为"十八罗汉"。他们分别是：马云、张瑛、孙彤宇、金建杭、蔡崇信、彭蕾、吴泳铭、盛一飞、楼文胜、麻长炜、韩敏、谢世煌、戴珊、金媛影、蒋芳、周悦虹、师昱峰、饶彤彤。

在会议上，马云慷慨激昂，指点江山，为大家讲述梦想，讲述大家以后需要干的事业。马云对这次会议进行了全程录像。录像中，大家都坐在那里，神情肃穆地围绕着慷慨激昂的马云，而马云则发表着激情洋溢的演讲："从现在开始，我们要做一件伟大的事情，我们的B2B将为互联网服务模式带来一次革命！黑暗中一起摸索，一起喊，我喊叫着往前冲的时候，你们都不要慌了。你们拿着大刀，一直往前冲，十几个人往前冲，有什么好慌的？"

同时，马云还给大家分析创业的利弊："今天，要你一个人出去闯，你是有点慌。你现在这个年龄在杭州找份工作，一个月三四千块你拿得到，但你就不会有今天这种干劲，这种闯劲，三五年后，你还会再找新工作，对不对？"

对于那次演讲，马云这样说："我那天像个疯子，完全疯了，根本不记得自己讲过什么了，就记得不断地给大家鼓劲。"

马云确实具备那种领袖的品质，他懂得如何去激发下属的潜能，调动大家的积极性，让大家围绕在自己的周围，共同努力去拼搏。

在那次会议上，马云确立了三个目标："我们要办的是一家电子商务公司，我们的目标有三个：第一，我们要建立一家生存 80 年的公司。"

大家虽然有掌声，但心里也在犯嘀咕："再过 80 年我们都 100 多岁了，还不知道能不能看到那天了。"

停顿一下，马云又接着说："第二，我们要建设一家为中国中小企业服务的电子商务公司。"大家虽然信心并不是很足，但没人对此表示异议，毕竟，从"中国黄页"开始，他们就跟着马云与中小企业打交道。

然后，大家屏住呼吸，等待马云说最后一个目标。

"第三，我们要建成世界上最大的电子商务公司，要进入全球网站排名的前 10 位。"马云坚定而大声地说。这回，大家面面相觑，都觉得这个目标是不是有点太大了。然而马云就是敢想，格局足够大，这就是他能够成就大事的重要因素之一。

在中国商界，曾经流传着这样一个有趣的故事：有一次，华为创始人任正非召开员工会议，开始给员工鼓劲打气。他说："你们知道自己将来面临的最大问题是什么吗？"在座的员工回答："不知道。"于是他接着说："就是钱多得没地方搁，都发霉了！所以你们买房子一定要选择阳台大的，用来'晒钱'！"

英雄所见略同，马云也采用了同样的方式。他拍拍胸膛，掷地有声地对大家说："在未来的三五年内，阿里巴巴一旦成为上市公司，我们每一个人所付出的所有代价都会得到回报，那时候，我们得到的不仅是这样大的一套房子，而是 30 套这样的房子。"

马云确实没有讲大话，后来，阿里巴巴上市成功，造就了大批的百万、千万富翁，只是比他所说的三五年的时间长了一些。

在这次动员大会上，马云首次为公司建立了清晰的企业愿景，为全体员工指明了前进和努力的方向。

"切一刀"的 B2B 模式

马云立志要做一家伟大的互联网公司，但具体选择什么模式呢？这是一个让马云想了很久的问题，也是一个至关重要的问题。

最终马云提出了 B2B（Business to Busines，就是企业与企业的交易）模式，就是为中小企业搭建一个平台，让他们在这个平台上做生意，以降低成本，提高效率。

马云的这个想法来自对雅虎模式的思考。马云曾经问杨致远："我想知道你的雅虎到底想做什么？"

杨致远回答："雅虎想做互联网上的一切。"

马云说："如果你什么都想做，往往什么都做不好。"

马云经过思考，发现了一个事实：大部分互联网公司都在走雅虎的路子，从广度上横向发展。

善于创新的马云决定抛弃雅虎的模式，另辟蹊径。马云想：既然雅虎采用的是"一刀切"的横向发展策略，那我就来一个"切一刀"的纵向发展策略。

"一刀切"很容易理解，就像杨致远所说，做网上的一切，不管什么东西，只要能网上交易，就统统纳入"刀下"。而马云的"切一刀"，则是关注一点，做精做细。马云所关注的这"一点"就是数量庞大的中小企业。

在外经贸部的 EDI 工作期间，马云就发现，中国中小企业数量众多，但交易渠道狭窄，对电子商务的需求最为强烈。中小企业通过互联网组成独立的世界，这才是互联网真正的革命性所在。

在当时，马云"切一刀"的 B2B 模式具有非常大的风险，因为没有成功的先例，也没有可借鉴的经验。在 B2C（Business to Customer，就是企业与个人的交易）市场，我们可以学亚马逊；在 C2C（Customer to Customer，就是个人与个人的交易）市场，eBay 已经颇具规模；而 B2B，只能靠自己去摸索。

马云认为，自己要做的网站就是一个虚拟世界中的义乌小商品城。他在经营翻译社的时候就经常去义乌批发小礼品，对义乌小商品城很熟悉。义乌拥有世界最大的小商品批发市场，在如迷宫般杂乱无章的市场中，拥有超过 5 万个摊位。他所要建立的"网上义乌"，就是让人们可以找到并出售一切东西。比如帽子、袜子、小礼品、运动设备、浴室配件等。当马云把自己的想法讲给自己的团队的时候，很少有人能够理解，有的人持反对意见。不过，马云下定决心要做的事情，其他团队成员很难改变。马云的思维方式是：认同度不高的地方，才会蕴藏真正的商业机会。

马云曾经说过："如果一个方案有 90% 的人说好，我一定要把它扔到垃圾桶里去。因为这么多人说好的方案，必然有很多人在做了，机会肯定不会是我们的了。"

马云的思维方式比较独特，从一开始就选择了一条在美国都没有试验成功的道路。这样做的风险虽然很大，但高风险往往伴随着高回报。

最终的事实证明马云的选择非常正确。阿里巴巴 1999 年开始成立，到 2002 年开始赢利，它几乎以光速完成了中国电子商务历史上第一个"吃螃蟹"的任务。要知道，京东发展了 12 年才开始盈利，而亚马逊更是亏损了近 20 年才开始盈利。而且，马云创造的这个商业模式，使阿里巴巴至今在 B2B 市场上没有遇到真正的竞争对手。

"阿里巴巴"的诞生

马云认为要做一个全球化的大公司，就必须起一个全球化的好名字。从最初为网站起名开始，马云就站到了全球的视角上。为自己未来"孩子"的诞生，他可是费了很多心思。他把所有伙伴都发动起来，集思广益，绞尽脑汁，单就一个网站的域名就准备了很长时间。当时，大家提了很多名字，但都不能让马云满意。

为什么不满意呢？因为马云坚持认为未来公司应该具有俯瞰世界的眼光和气魄，所以名字也应该是响亮的、国际化的，而且，必须是全球讲各种语言的人都容易记住的。相比之下，同事们提供的那些"四不像"的名字实在是很难达到要求了，因为离马云心中的完美域名还相差太远。

有一次，马云去美国出差，在一个普通的西餐厅里准备点餐时，突然想到了"阿里巴巴和四十大盗"的故事。

马云是一个思想活跃，很有创造性的人。他心想："其实互联网和阿里巴巴发现的宝库是一样的，都有无穷的宝藏。要是我们公司能承担起阿里巴巴的角色，帮助大家一起挖掘互联网的宝藏，该有多好！而且，阿里巴巴是个善良正直的青年，他希望把财富分给别人而非自己独享。"

想到这，马云突然灵光乍现：阿里巴巴——芝麻开门！这个寓意多好啊！阿里巴巴与财富有着天然的联系，很容易吸引人关注。

但是，"阿里巴巴"适合做公司名吗？中国人都知道阿里巴巴的故事，但国外对阿里巴巴的认可度高吗？马云正沉浸在这个问题的思考时，餐厅的服务生过来说："先生，请问您想吃点什么？"

陷入沉思的马云随口说道："这里有 Alibaba 吗？"

服务生愣住了，Alibaba 是什么呢？餐厅似乎没有这种食物呀！服务生以为自己听错了，随即又问了一遍："不好意思，请问先生，您想要吃点什么？"

随着服务生的问话，马云才回过神来，意识到自己身处餐厅。他随即笑着说道："我是想问你，你知道 Alibaba 的故事吗？"

"哦，Alibaba 啊，"服务生微笑着回答，"当然听说过，Alibaba 说一句'芝麻开门'，就可以打开藏有金银财宝的山洞大门。"

"啊，谢谢！谢谢！你帮了我一个大忙！"听到这话，马云兴奋极了，连忙道谢。他立刻站起身来，顾不上吃饭，从身上掏出一些钱塞到服务生的手中，当作小费，然后快步走出餐厅，留下了一脸茫然的服务生。

走出餐厅的马云，越想越激动，他急需要验证自己的想法，于是在路上拦住了几个人，询问他们是否知道阿里巴巴的故事，有人准确说出了"芝麻开门"的暗号，有人说出了"阿里巴巴和四十大盗"的故事梗概。

马云再也按捺不住内心的喜悦和兴奋，立刻找人在国内做调查，结果发现国内知道阿里巴巴故事的人非常多。

这时，马云才终于觉得自己这些日子以来的功夫都没有白费，不管哪个国家的人，对"阿里巴巴"的故事都很熟悉，而发音也几乎都是"A-li-ba-ba"，无论是做公司名还是域名，都再好不过了！而且 Alibaba 的首字母是 A，每次排序的时候这个名字总排在前面，因为大部分名单都是按首字母排序的。

于是，马云回国后没有丝毫的犹豫，立刻登录网站，想要注册阿里巴巴的英文域名。可当马云兴冲冲地在网上填入"alibaba.com"时，却出现了"此域名已经被注册"的英文提示，马云失望极了。

冷静下来的马云开始思考对策，要么换一个名字，要么出钱购买这个域名。想来想去，马云都不想放弃这个名字。

后来马云联系了注册"alibaba.com"的那个加拿大人，希望购买这个域名。

一开始，事情进展得很顺利，对方也同意出卖域名。谈到价格问题时，对方要价 3000 美元，而公司的启动资金一共才 50 万元人民币，马云觉得太贵，谈判陷入僵局。

无奈之下，马云只好使用之前注册的"alibabaonline.com"作为网站的临时域名，建立了"阿里巴巴"中文网站。

事实上，马云有很多顾虑，一方面 3000 美元对当时的阿里巴巴来说确实是一笔不小的开支，另一方面又担心被骗，钱打过去以后对方不认账。他已经吃过好几次被骗的亏了。犹豫不决的马云给在雅虎担任高管职务的吴炯打了电话，希望对方能给出建议。

吴炯是互联网专家，也是雅虎搜索引擎技术的专利发明人。1997 年年底，为了推广雅虎开通的中文服务，吴炯和杨致远一起到北京做宣传，马云便与他认识了。

后来，吴炯又回到了美国，而马云也经常因为工作关系到美国出差，两人便常常见面，成了很好的朋友。

马云和吴炯经常聊天，相互探讨一些互联网方面的问题。虽然马云很希望吴炯来阿里巴巴帮自己，但吴炯放不下美国雅虎的工作，一直没有答应。不过，吴炯却免费担当起了马云的咨询顾问，经常就互联网方面的问题为他出谋划策。

当吴炯听完马云的想法之后，立刻建议他花 3000 美元购买阿里巴巴的域名。在非常了解互联网市场的吴炯看来，3000 美元购买一个很有潜力的域名非常划算。

马云原本就倾向于购买域名，现在听到连吴炯都这么说，自然不想放弃了。他狠了狠心，把 3000 美元打到了对方指定的账户中。

马云担心的事情没有发生，一切都很顺利。3000 美元打过去后，域名很快到手。至此，阿里巴巴正式诞生，马云的商业传奇真正拉开了序幕。

创业初期，那些难忘的艰苦岁月

对于刚开始以烧钱而著称的互联网公司而言，50 万元启动资金确实太少了。马云想方设法节省成本，没有租写字楼，把办公地点设在自己的家里，并对"十八罗汉"声明：不承诺高薪、豪宅，只承诺艰苦和地铺！

那时候，阿里巴巴员工的工资很少，每月只有 500 元，而工作时间却很长。当时公司正常的作息时间是早上 9 点到晚上 9 点，而实际上大家都在没日没夜地工作，每天要干 16 个小时，甚至经常熬通宵。虽然大家都很辛苦，但有趣的事情却不少。有一次，4 名员工在公司加了一夜班，结果到了第二天上班的时候，一大清早就玩了个"集体失踪"。这让马云等人非常担心，正要派人出去找时，那 4 个人却兴高采烈地回来了，每人手里还抱了个"背背佳"——买这玩意儿是防止变成"刘罗锅"！

阿里巴巴最早的一批员工中，只有五六个女孩子。这些女孩子很健谈，性格也开朗，所以在一起工作的时候经常有说有笑，非常热闹。当时，她们主要是做客服，信息编辑、整理等工作，需要经常讨论、交流。

然而，那些干技术的工程师却完全相反，他们的工作需要灵感，需要潜心思考，需要安静的环境。同时，若有技术上的问题一时半会儿解决不了，难免着急上火，这时和那些叽叽喳喳的女孩待在一个办公室，简直是受罪。于是，双方经常会爆发"冲突"。最后，那些工程师干脆把自己关进小房间，与世隔绝，潜心工作。

马云自己不懂技术，但对技术人才非常爱护，看到这种情况，就允许他们采用弹性工作制，工作时间自由安排，只要能漂亮地完成任务就可以。于是他们便把工作时间定在晚上 10 点到凌晨 4 点，这段时间办公室里面最安静。

那时候，马云专门留了一间比较宽敞的房子做会议室用。到了晚上，这间房子便角色转换，变成了员工的卧室。因为那时加班是家常便饭，所以有些人如果加班不回家了，就在这里睡地铺凑合一夜，第二天一早爬起来继续工作。那时候，大家睡办公室（或会议室）的时间并不比睡自己家少，公司与家已经没有了多大的区别。工程师们常常是工作得太晚，实在扛不住了，就倒地睡觉。

有时候，有的员工上班比较早，一打开门便会看见一幅蔚为壮观的景象：满满的一间屋子里，地板上横七竖八地躺着一大堆男人，鼾声四起。而且床单、枕头到处都是，一片狼藉。

每当这个时候，女孩们经常会打趣道："小心点，绕着走，别把这些小蚂蚁踩坏了！"

而且，大家在拼命干活的同时，还要拼命省钱，节省资金。每个人都恨不得把一分钱掰成两半用，甚至都可以用"抠"来形容，这点马云也不否认。而那时候，大家也总是变戏法般地能用最少的钱办最重要的事。

吃工作餐的时候，一开始大家吃的是 6 块钱一份的盒饭，后来觉得 6 块钱也有些超支了，就改成 4 块钱的。俗话说，便宜没好货，吃了几天 4 元的盒饭，因鸡块变质造成集体食物中毒，结果互相搀扶着去医院打吊瓶。

曾任蚂蚁金服董事长的彭蕾，那时候是阿里巴巴的"女管家"，担任出纳员，谢世煌担任财务会计。阿里巴巴凡是涉及花钱的事都由他们两个统一包办。这两个"管家"也的确很会"算计"，两个人常常会为了添置一两样小东西而满大街地转，货比三家，甚至是五家。

彭蕾和谢世煌是这样分工的：如果两个人同时看上了某样办公用品，彭蕾看价钱，谢世煌按计算器，然后，二人共同先算出性价比，如果超出了他们心中的预算，再好的东西也只能放弃。

当时，彭蕾还有一个破旧的小账本，用来记账、算价格。彭蕾天天把这个小本本带在身边，她自己也笑说快变成个"守财奴"了。后来，彭蕾一直保留着这个小账本，这是那段岁月最珍贵的纪念品。

在决定从北京回杭州的时候，马云就"警告"过大家："不许打的！"马云的这一规定执行得比较到位，那时候，外出办事，大家几乎不招出租车。近距离的，就发扬"出门基本靠走"的精神，不到迫不得已，是不会打车的。

有一次，大家出去采购办公用品，由于东西太多，不叫出租车实在是没有办法，马云就破了一回例。大家朝的士招手，一辆桑塔纳开过来了，他们立刻朝司机摆手："不坐，不坐！"一直到看见夏利，大家才敢再次招手。原因很简单，因为桑塔纳每公里的费用比夏利要贵，虽然只是贵那么一点。

还有一次，因为着急办事，大家没看清是夏利还是富康就坐了上去，等到下车时，大家按夏利的价格付出租费，才被司机告知是富康，大伙还跟司机争吵："你开的明明是夏利嘛……"

创业初期的艰苦，也决定了阿里巴巴不可能用高薪吸引优秀的人才加入。对每一位新进的员工，马云首先告诫他们的都是一句话："这里没办法保证你升官发财，但可以保证你一定会非常辛苦。"

但是，后来的事实证明，马云及其团队创业初期所受的苦是非常值得的。对于那段艰苦岁月，阿里巴巴那些元老亲切地称其为"湖畔时代"。

马云拒绝采访的秘密

1999 年正是互联网最火热的时候，所有的互联网公司都在大力宣传推广，疯狂造势，以吸引人们的注意，获得快速发展。然而，正在打造阿里巴巴的马云却一反常态，他对自己的团队成员说："在这半年里，我们要专心做网站。不管是谁，都不能把阿里巴巴的消息透露给媒体。"

从 1999 年 3 月至 9 月，阿里巴巴采用了零预算的广告策略，几乎没有做过任何像样的广告。

刚开始，大家对马云的这一决定很不理解，觉得非常奇怪：一向善于利用媒体的马总这次到底怎么了？但出于对马云的信任，大家都按照他说的去做，一心一意扑在了工作上。

阿里巴巴刚推出的时候，实行的是会员制，只为会员提供免费的信息交流和产品展示。与其他可以随意浏览的网站相比，知道阿里巴巴的人并不多。虽然每天需要提交的信息很少，只有 10 条左右，但大家仍然很兴奋，认真地核实每一条信息，然后把它们发布到网上。

后来，提交信息的企业逐渐多了起来，阿里巴巴的员工每天都会发布几百条商业信息在网站上。当信息多起来之后，大家便按照之前设定好的计划，对其进行分类管理。

阿里巴巴的工作就这样有条不紊地默默快速推进着。突然，1999 年 5 月的一天，大家在一家杭州本地的报纸上看到了题为《想做全球贸易，阿里巴巴拒访》的短篇报道。这时，大家似乎才明白了马云的用意，纷纷议论起来。

"不接受媒体采访，能让我们专心工作，也能吊起更多媒体的胃口，不用花钱就能让他们免费给咱们做广告。"

"马总真聪明！"

"我突然想到了白居易的一句词，'犹抱琵琶半遮面'！"

其实，不只是本地的媒体，在 1999 年 6 月的时候，远在大洋彼岸的美国人也注意到了阿里巴巴。由于阿里巴巴一开始就推出了中英文两种网站，所以在网络发展迅速的美国，人们很快发现了这个网站。

美国的《商业周刊》对阿里巴巴很感兴趣，也很好奇，就专门派人到中国来采访。刚开始马云表示拒绝，除了欲擒故纵之外，还有"难言之隐"——阿里巴巴当时太寒酸了，太窘迫了，办公室用的是居民住宅，里面拥挤凌乱。如果让美国人看到这种情况会怎么想，会不会起到相反的作用，他们会认为阿里巴巴原来就是这样一个小破公司？

马云的拒绝让《商业周刊》更加好奇。他们通过各种关系沟通，不断交涉，马云最终勉强同意接受采访，但提出了一个条件：采访可以，但不能立刻发表。

当《商业周刊》的记者跟着马云七拐八拐走进阿里巴巴的办公室的时候，才明白为什么不让报道了。这样的办公环境让他感到震惊，同时也很敬佩："20个客服挤在客厅办公，马云与财务及市场人员挤在其中的一间卧室，网站维护及其他人员挤在另一间卧室……像所有优秀的企业家一样，马云知道如何用有限的种子资金坚持更长的时间。"

记者很快完成了采访，而且也按照约定的那样，访而不发。直到阿里巴巴获得第一笔天使投资之后，《商业周刊》才发表了采访稿。

到 1999 年 9 月以后，阿里巴巴获得 500 万美元的风险投资，也吊足了媒体的胃口，马云才取消了"禁止媒体采访"的禁令。随后，《中国经营报》《经济日报》《中华工商时报》以及中央电视台等媒体，先后对阿里巴巴进行了报道。

同时，海外媒体也在《商业周刊》之后，纷纷表示关注。比如新加坡的《南华早报》（英文版），还有总部设在香港的《亚洲华尔街日报》等都报道了阿里巴巴。

第2章

力邀蔡崇信加盟，降伏资金困兽

　　对于初创的互联网公司，资金非常重要。驾驭不了钱，钱就是洪水猛兽；驾驭好钱，钱就是火箭燃料。因为在互联网的世界里，要想赚钱，必须先"烧钱"。马云非常幸运，遇到了蔡崇信，解决了资金、财务方面的大问题。在蔡崇信的帮助下，马云完成了与高盛和孙正义的先后两次融资，不但走出了最初的资金困局，还奠定了大商业集团的财务格局和基础。

蔡崇信：最重要的合伙人

蔡崇信在马云的商业生涯中占有非常重要的地位，可以说，没有蔡崇信，就很难有阿里巴巴。他是马云最重要的合伙人，也是马云最感谢的人。

马云与蔡崇信同岁，都是 1964 年出生。他们虽然年龄相同，却具有不同的家世、经历和个性。马云出生于普通工薪家庭，性格活泼开朗，擅长演讲，有独特的个人魅力；而蔡崇信出生于台湾一个法律世家，性格安静低调，话不多，很随和。两人一动一静，一外一内，却是成就今日阿里巴巴庞大帝国的最佳拍档。

蔡崇信受过良好的高等教育，具有丰富的金融、法律从业经验。他十多岁就赴美国读书，先后获得耶鲁大学经济学东亚经济研究学士学位、哈佛大学MBA、耶鲁法学院法学博士学位，曾担任著名投资公司的副总裁、高级投资经理及法律顾问。

作为投资人的蔡崇信，天生就具有很强的好奇心，对投资机会非常敏感。他一直想去阿里巴巴"看个究竟"。1999 年 5 月份，蔡崇信终于见到了马云，并且参观了阿里巴巴的办公室。相对于马云跟他描述的"芝麻开门"的伟大梦想，阿里巴巴的办公环境和场景更让他感到震撼：20 多个人黑压压地挤在一起，满地床单，大家喊叫着、欢笑着、工作着，就像一个充满无限激情的大家庭。马云与这个"大家庭"中的每一个成员都是零距离，却又是绝对的"老大"。

　　这次见面，让蔡崇信产生了一个疯狂的想法——加盟阿里巴巴。要知道，蔡崇信当时担任北欧地区最大工业控股公司 Investor AB 附属公司 Investor Asia Limited 的高管，负责亚洲业务，年薪高达 70 万美元；而阿里巴巴只是一个初创公司，每人的月薪只有 500 元人民币。

　　随后没有多久，蔡崇信就带着自己的夫人第二次与马云见面，并提出加入阿里巴巴。对于这种梦寐以求的好事，马云自然是欣喜若狂，他对蔡崇信进行了慎重的提醒，但见对方态度坚决，随后只好"妥协"，并欣然接受。

　　对于为什么要加入阿里巴巴，蔡崇信后来解释道："组织团队是很大的艺术。当时我在瑞典公司做投资，做得不错，没想到要创业，为什么要来（阿里巴巴）？阿里巴巴特别吸引我的第一是马云的个人魅力；第二是阿里巴巴有一个很强的团队。1995 年 5 月，与马云的第一次见面，是在湖畔花园，当时他们有十几个人。第一感觉是马云的领导能力很强，团队相当有凝聚力。开始做公司，一个人不容易做起来，有了团队，成功的概率会更高。把（阿里巴巴）这个团队和其他团队做比较，这个团队简直是个梦之队，我们团队高层的背景不一样，各有短长，可以互补。马云能认识到别人的长处，了解自己的不足和需要帮助的地方。互相弥补的心态很重要，否则会有怨气和冲突，这是组建团队的关键。这里有一些做事情的人，他们在做一件让我感觉很有意思的事情。做这个人生重大抉择时，我没有非常理智的依据，更多地来源于内心的强烈冲动，我喜欢和有激情的人一起合作，也喜欢冒险！所以我就决定来了，如此而已。"

　　蔡崇信加入的时候，阿里巴巴正在准备成立公司。马云当时对蔡崇信说："就等你这样的人来帮我们成立公司。"当时，阿里巴巴的创始人都有股份，但没有非常正式的书面合同。于是，蔡崇信挑起 CFO（首席财务官）的重任，开始着手注册公司，并拟定正式的参股合同，那是一份滴水不漏、完全符合国际惯例的完美合同。而且，蔡崇信亲自上阵，不厌其烦地给大家讲述股份合同的各种问题。

　　这份参股合同的完成具有非常重大的意义，它意味着从法律层面来说，阿里巴巴创始人的股东地位完全确定，也为后来"批量制造富豪"的"造富"运动做好了铺垫。同时，从这一刻开始，阿里巴巴告别了靠"感情"、"理想"和"义气"来维持的局面，真正以一家非常正规公司的方式来运营。

第一次融资：高盛

　　没有豪华的团队配置，也没有美国成功模式可参考，与北京、上海、广州等地的同行相比，阿里巴巴一度是互联网行业的丑小鸭。互联网素来以"烧钱"著称，阿里巴巴创办后，也面临着巨大的资金压力，而 50 万元的资金根本撑不了多长时间。如何想办法融资，成了马云最为紧迫的问题。

　　蔡崇信的加盟，为阿里巴巴的融资打开了大门。蔡崇信除了负责公司的国际市场推广、业务拓展及财务运作之外，最重要的任务就是寻找风险投资。但由于马云和蔡崇信的"挑食"，让他们中意的投资并不多。他们曾经与 38 家风险投资商谈过，但都没有成功。

　　有一次，马云去见一家投资商，对方提出了一个苛刻的条件。马云不满意但又有点犹豫，于是溜了出去问管财务的同事，得到的消息是：账上已经没钱了。马云非常纠结，但回去之后还是咬着牙放弃了这笔投资。虽然当时马云并没有说什么，但内心的煎熬可想而知。

　　直到时隔 15 年之后的纽约 IPO 路演会上，马云才以玩笑的形式一吐当年的窘境："15 年前为融资 200 万美元，我来纽约，失败而归，15 年来我就没放弃，这次来纽约就是想多要点钱回去。"

　　好在天无绝人之路，马云和蔡崇信终于等到了机会。那是 1999 年 8 月的一天，蔡崇信在香港与一家投资商洽谈。当时的洽谈地点是在一家酒店，谈了一会，却没有任何进展之后，蔡崇信走出了会谈室，想透透气。

在大厅里，他碰到了一位姓林的朋友。这位朋友是位女士，担任大投行高盛公司的香港区投资经理。

蔡崇信与林女士是在飞机上偶然认识的。那时，蔡崇信在美国耶鲁大学读书，有一次从美国回台湾时，在飞机上和林女士是邻座，他们谈得很投机，就这么认识了。

蔡崇信原本在纽约做律师，后来回到香港做投资工作，而林女士正好也一直在投资银行工作。如此一来，二人又成了朋友兼同行，并一直保持着联系。现在，又偶然相遇两人都很高兴，就聊了起来。

高盛是世界三大投行之一，在 1999 年之前它很少投资高科技行业，只重点投资传统产业，尤其是一些大型的制造业。而 1999 年的"互联网热"却让这家老牌投资公司有些蠢蠢欲动，毕竟，逐利是资本的本性。

当时，林女士告诉蔡崇信，高盛已开始关注新兴的互联网行业和部分企业了，并打算做一些尝试性投资。

说者无意，听者有心。听了林女士的话之后，一个想法立刻在蔡崇信的脑海中闪现：如果能引来高盛的投资，阿里巴巴就有希望了啊！于是他就试探性地提出了投资阿里巴巴的建议。林女士非常爽快地答应了。

林女士的工作效率很高，很快高盛的考察团就来到了杭州。考察团到杭州做了详尽的调查之后，写了一份报告，对阿里巴巴大加赞扬，特别是其充满活力与战斗力的"疯子"团队。林女士把这些信息报告到总部，高盛的高层也对投资阿里巴巴产生了兴趣。于是高盛就给阿里巴巴发了一份传真，提出了具体的投资要求和条件。

相比较马云和蔡崇信以前商谈的投资商，高盛开出的条件并不占优势，而且投资额 500 万美元也不是最多的，但是高盛有一个条件却令马云很满意——绝不干涉管理层对公司的具体经营运作。马云一直不愿放松对公司的掌控权，否则自己的梦想很难实现，这是他前几次创业最深刻的教训。而且，从另一面来说，高盛的国际背景以及在投资界的地位，对阿里巴巴的长期发展和海外市场的拓展都非常有利。马云与蔡崇信商量了一番之后，决定与高盛合作。

1999 年 10 月，由高盛牵头的几家投资机构联合向阿里巴巴注入了 500 万美元的风险投资。在蔡崇信的大力运作下，阿里巴巴的第一次融资就这样顺利地完成了，制约马云大干一场的瓶颈终于打破了。

第二次融资：软银孙正义

1999 年 10 月的一天，马云收到了一位朋友的电子邮件。这位朋友叫古塔，是位印度人，在摩根士丹利亚洲公司担任资深分析师。古塔说有一个人想和他见面，建议马云去见一下。当时马云刚获得高盛 500 万美元的风险投资，正忙于阿里巴巴的建设，便忽略了这封邮件。没想到几天后，古塔又打电话来催促，并一再强调这个人对阿里巴巴未来的发展非常重要，让马云一定要重视。看到古塔如此看重，马云动了心，便决定前往北京，见一见这个神秘人物。

到了北京之后，马云才知道这个神秘的人是孙正义，是软银集团的总裁，也是来自日本的资本大鳄。在当时的互联网界，孙正义被称为"网络风向标"。他成功投资了雅虎、ZDNet（至顶网）、UT 斯达康等公司。在互联网最高潮时，他曾做过一天的世界首富，拥有的股票市值超过了微软的比尔·盖茨。

孙正义这次来中国，是要召开一次"投资人—经理人见面会"，为他的互联网帝国做一轮布局。这次会议由软银牵头，还有许多投行界的人士参加。

每个参加会议的经理人都会向那些投资人讲述一番自己宏大的商业计划，以获得这些资本大鳄的青睐。说得具体点，就是想方设法争取到孙正义的投资款。

作为投资大佬，孙正义听过的商业计划不计其数，耳朵都起茧了，而那些拿着厚厚的商业计划书宣读的情景，很是让他感到厌烦。到后来，他发现坐在角落的马云，就让马云也上去讲讲。

马云上台演讲了 6 分钟就"结束了战斗"，准确地说是被孙正义打断了。正在马云摸不着头脑的时候，孙正义问道："你需要多少钱？"

马云说："我不需要钱。"高盛的 500 万美元刚到位，马云确实不急需钱。

孙正义有些惊讶，问道："你不需要钱，来这里找我干什么？"

马云满脸无辜地指着古塔等人说："又不是我要找你的，是他们叫我来见你的。"

……

全场人都愣住了，这是怎么回事？

马云一看这种情况，马上给了孙正义一个台阶，接着说道："我虽然不需要钱，但如果你有兴趣，我可以介绍一下阿里巴巴的情况。"

马云讲完之后，孙正义就表了态："可以考虑投资阿里巴巴。"

马云从北京回到杭州不久，孙正义派来的考察团就到了。当考察团接触了马云的团队之后，非常满意，大加赞赏。几天之后，他们就火速赶回北京向孙正义汇报去了。

送走考察团之后，马云开始琢磨起来，他有些拿不准到底该怎么办，于是把远在香港的蔡崇信叫了回来，两人商量起来。出乎意料的是，蔡崇信并不赞成此事。他认为，第一笔融资款刚到位，就开始进行下一笔，不要说对企业发展没有好处，就是高盛等股东也会不高兴。人家的种子资金已经投出去了，你不想办法用这些钱发展公司，反而再融资，稀释人家的股份，这对谁来说都会感到不爽。

但马云有自己的想法，从阿里巴巴长远发展的战略角度考虑，应该和孙正义谈。一是能拥有更雄厚的资金基础；二是借助孙正义进入更大的投资圈，有机会快速晋升为国内顶尖的互联网公司。最终，马云采用软磨硬泡的方式"说服"了蔡崇信。

没过多久，孙正义就带来了消息，邀请马云去日本，商谈具体的合作事宜。2000 年 1 月，马云和蔡崇信来到了日本，开始了貌似简单实则无比艰难的谈判之旅。

虽然双方谈判的人数很不成比例，马云这边只有他和蔡崇信两人，孙正义那边却有一大拨人，但马云仍然底气十足，一开始就"约法三章"，提出了三个条件。现场除了蔡崇信和孙正义，其他的人都直瞪马云，他们觉得马云是不是吃错药了，作为被投资方，怎么敢如此对老板说话。

不过，孙正义倒是很沉得住气，平静地示意马云讲下去。

马云提出的三个条件是：第一，只接受软银一家的投资，不希望是由软银牵头的联合投资。第二，希望软银不要只追求短期收益，而要以客户为中心，以阿里巴巴的长远发展为中心。第三，孙正义本人要担任阿里巴巴的董事。

对于前两条孙正义很快就答应了，但没有同意第三条，因为软银每年要进行很多笔投资，孙正义根本没有时间参与所投公司的事务。而且，他们是风投公司，主要角色是投资人，不是经营者。最终孙正义只答应做阿里巴巴的顾问。

接下来，双方又谈了投资额度与占股比例问题。在这一过程中，蔡崇信的三次"NO"彻底扬名业界。

谈判的程序是软银给出方案，由马云和蔡崇信讨论，看是否合适。没有想到，孙正义刚提出方案，蔡崇信就脱口而出："NO！"他非常坚决地说："你们给出的方案我们无法接受。"

孙正义没有说话，看了蔡崇信一眼，又提出了第二个方案。他也明白，第一个方案对方一定不会同意。

这一次蔡崇信又说了"NO"。孙正义通过计算和商讨之后给出了第三个方案，蔡崇信还是说"NO"。

蔡崇信的三次拒绝让谈判进行得非常艰难。随后经过讨价还价，孙正义给出了第四个方案——投资 3000 万美元，占阿里巴巴 30% 的股份。

这次蔡崇信没有拒绝，而是和马云商量之后，同意了这个方案。不过，这并不是最终的结局。

与孙正义初步谈妥之后，马云通过电话开了一个董事会议。其实，与孙正义谈判的时候，阿里巴巴的股东已经不是当初的那些创业元老了，还加入了高盛等一些投行，在涉及融资、并购等重大决策时，不是马云一个人说了算。

董事们的讨论结果让马云发热的头脑有些清醒，他完全没有必要因为并不急需的钱而使股东的股权遭到大幅稀释，并承担管理层失去话语权的风险。于是马云立刻开始了同软银的重新谈判，他跟孙正义商量，表示只需要 2000 万美元，钱太多在某种层面上来讲会是坏事。最终，孙正义同意 2000 万美元的投资。这对孙正义来说是投资经历中让步最多的一次。

随后不久，阿里巴巴与软银集团公司正式签订了合约，为阿里巴巴注入了第二笔风险投资。2000 年，互联网泡沫破灭，纳斯达克科技股纷纷大跌，此时，再从市场上融资已经非常困难。但是凭借着这笔融资，阿里巴巴度过了随后而来的互联网寒冬。

告别湖畔，搬入新家

2000 年 1 月，软银的 2000 万美元投资款已经到位，再加上高盛的 500 万美元，马云顿时拥有了 2500 万美元的运作资金。有了这么多钱该怎么花呢？不约而同，搬家成了大家共同的呼声。大家的要求并不高，不求豪华、奢华，只求体面，最起码不必再向记者们遮遮掩掩，不必再对外界"犹抱琵琶半遮面"。

通常情况下，一个公司要搬迁新址也算是件大事了，但对于正为他雄心勃勃的"红旗插到华尔街"计划而操劳、兴奋的马云来说，这却是"小事一桩"。

于是，马云没有亲自过问，他把这件"小事"交给了"十八罗汉"之一的谢世煌。谢世煌不仅做事细心认真，而且算账也是一把好手，当初他还与彭蕾并列为阿里巴巴的"最佳管家"。而找房子却是一件颇为费心、费力的事，既要看质量，又要淡价钱，他无疑是最合适的人选。

首先，他们选准的是华星科技大厦。这座大厦位于离湖畔花园不远的文三路上，刚刚竣工，是座新楼，软、硬件设施都不是很完善，入住的企业也不多。与周围门庭若市的楼宇大厦相比，华星科技大厦显得格外冷清。但是，正因为这样，这座大厦的租金也格外便宜。

于是，谢世煌就过去谈租赁事宜，没想到受到了冷遇。原来，这座大厦的管理者对入驻企业的标准要求很高。按照他们当时的想法，华星科技大厦应该是当之无愧的高科技园区，若要入驻于此，必须是响当当的、名震神州（至少是整个杭州城）的高科技公司，最好是有风险投资支持、外资背景的跨国公司。

而当时的阿里巴巴，相比搜狐、新浪、雅虎、中华网等知名网站，名气显然不够大，在那时也刚刚进入媒体的视线，只能算是"小不点"。对于这样一个小公司，大厦管理者当然不会有多热情。

到 2000 年 3 月的时候，华星科技大厦一直没有合适的入驻企业，就与阿里巴巴签订了租赁合同。

华星科技大厦的一层楼只有 2000 平方米的面积，按照当时的价钱，即便把整个 9 层全部租下来，一年的租金也只有 200 万元。

开始谈的时候，谢世煌只准备租一层，手握"巨资"的马云却很大方："干脆把整栋楼都租下来算了，我们公司又不是掏不起这个钱。"

此言一出，不仅是谢世煌一个人，几乎所有的创业伙伴都极力反对，认为马云头脑发热了："怎么能这么铺张浪费呢？"

伙伴们的反对有其道理。毕竟，最困难的时候，大家的工资都差点发不出来，现在有了这点钱就开始"烧"，这不是败家吗？

其实，马云考虑得比较长远，他觉得阿里巴巴很快就要招兵买马，员工人数也会迅速曾长。于是，他给伙伴们提了一个问题："现在只有几十号人，你们感觉用不了那么大的地方，将来我们要是发展到几百号、几千号人怎么办呢？"伙伴们反驳道："怎么可能那么快就有几百号人呢？"

马云沉默一会，无奈地说了一句："你们这群人，真是鼠目寸光。"

最终，马云在集体的反对下妥协了，只租了一层楼。半个月后，阿里巴巴全体员工喜气洋洋地搬进华星科技大厦，告别了令人难忘、留恋、充满艰辛和欢歌笑语的湖畔花园——那个孕育了他们最初的梦想、希望的"动感地带"，迈向一个充满各种变数、幻想的新征途。

过了一段时间，马云让伙伴们的"鼠目寸光"得到应验。搬到华星科技大厦之后，不到两个月，阿里巴巴的员工人数一举突破300人大关。为了"不因空间局促而影响大家的工作心情，马云不得不重新扩大办公的地方。

然而，此时的华星科技大厦已经成为抢手的"香饽饽"，不但租金涨了很多，而且好的楼层被诸多知名公司瓜分殆尽。无奈之下，马云只能将大厦仅存的第八层、第九层租了下来，以解燃眉之急。

阿里巴巴的大肆扩张

2000年初，手握巨资的马云开始了大刀阔斧的扩张行动。他甚至喊出了"把红旗插到华尔街"的口号，点燃了团队冲锋陷阵的激情。接着，阿里巴巴在中国香港设立总部，在英国设立办事处，在美国硅谷成立研发中心，在日本、中国台湾、韩国成立合资公司。

同时，马云高薪引进了一大批骨干精英。这些骨干精英，有来自跨国公司的高级管理人才，也有出身美国名牌大学的国际化人才，其中最有名的当属吴炯。吴炯被称为"搜索器之王"，拥有雅虎搜索技术的发明专利。吴炯加入阿里巴巴后担任 CTO（技术总监），马云曾在会议上一再强调："公司所有的工程师统统归吴炯管，我不再干涉。"

在资金和人才的支撑下，蔡崇信很快在香港成立公司总部。尽管马云后来一再强调"金钱留不住人才"，但是，在 2000 年那个时期，几乎所有的互联网公司都在用高薪挖人。所以，为了防止人才流失，马云也只能随波逐流——"高薪养忠"。于是，马云不惜血本，给香港公司这些人开了 6 位数以上的高薪。他不仅仅对几位高管如此，对整整几十人的团队都是如此。

在美国硅谷，马云之所以要建立研发中心，主要是考虑到当时全球互联网行业最优秀的技术人才都是在那里成长起来的，那里也已经聚集了相当多的一批技术精英，再者互联网原本就诞生在美国东海岸的那间实验室里，马云相信硅谷是可以为阿里巴巴带来好运的。于是，整个硅谷研发中心，就相当于阿里巴巴的"中央研究院""技术大本营"。

在吴炯的领导下，阿里巴巴美国研发中心很快聚集了一大批硅谷的技术精英、互联网天才。当时，研发中心最多只有 20 名员工，开销却比杭州总部的200 多人还高好几倍，每个人的年薪都在 6 位数以上，而且是美元！

在早年的"十八罗汉"创业动员大会上，马云就曾对这些创业元老说过："你们只能当连长、排长，团级以上的干部我得另请高明！"他不仅是这么说的，更是这么做的。正是在这种理念的指引下，马云开始大规模地批量引进"海归"精英。他认为这些付出是值得的。

阿里巴巴在这些海归精英的推动下，很快推出了韩文网站、中国台湾（中文繁体）网站、日本网站、澳大利亚网站……一时之间，阿里巴巴呈现满世界开花的喷发态势。

那时的马云，为了"国际化"而不惜牺牲"中国化"。他之所以不愿接受媒体的采访，很大程度上也是因为不想让人们把阿里巴巴等同于一家中国本土公司，他说："我们要做的是一个世界顶级网站，如果一开始就大张旗鼓地宣称这是中国人做的，等于自缚手脚。"

那时的马云，豪情万丈，气势如虹，大有攻入世界每个国家的趋势。

马云这样做，的确为阿里巴巴带来了许多关注，使得阿里巴巴迅速成了国际化的大公司。2000 年 7 月，阿里巴巴被《福布斯》评为"全球最佳 B2B 站点"，马云也登上了《福布斯》的封面。这是 50 年来，第一位获得如此殊荣的中国内地企业家，在中国企业界、传媒界引起了巨大的轰动。

第 3 章

绝处逢生，走出互联网泡沫

骤然来临的互联网寒冬，给了雄心勃勃、大肆扩张的马云当头一击，也给阿里巴巴带来严峻的考验。通过"西湖会议"，收缩战线，忍痛裁员，苦练内功，马云带领阿里巴巴最终度过了危机。

"西湖论剑"，马云造势

马云在国际上大肆扩张的同时，在国内组织"西湖论剑"，邀请武侠小说泰斗金庸先生以及国内互联网江湖的各位大佬，共聚西湖湖畔，畅议互联网。

马云从小就酷爱武侠小说，尤其对金庸的武侠小说爱不释手，因此，在他的商业处事中，常常会流露出金庸的武侠气息。在阿里巴巴的发展初期，马云灵机一动，想效仿《射雕英雄传》中的"华山论剑"，邀请互联网行业的佼佼者来到西湖湖畔，举行"西湖论剑"，共商互联网发展大计。

当时，与新浪、搜狐、网易等大公司相比，阿里巴巴还是"小弟"。马云的影响力和名气也没有王志东、张朝阳、丁磊等人的大。但是马云的心比较大，胆子也够大。作为"小弟"，他就敢邀请那些大佬，也不怕人家不给面子。

他先邀请金庸作为"西湖论剑"的主持者。2000 年 7 月份，马云终于在香港见到了自己的偶像金庸先生。两人相谈甚欢，惺惺相惜。临别时，金庸为马云手书：多年神交，一见如故。当金庸接到马云举办"西湖论剑"的邀请时，欣然前往。

随后，马云邀请了搜狐的张朝阳、8848 的王俊涛、网易的丁磊、新浪的王志东，以及多名跨国公司的在华代表。

2000 年 9 月 10 日，第一届"西湖论剑"正式开始，引起了大批网民和上百家媒体的关注。马云安排金建杭负责"西湖论剑"的具体指挥工作。金建杭毕业于复旦大学新闻系，原先是《国际商报》的记者，后来辞职跟随马云创业，马云非常倚重他。

虽然这是一个跟武侠没有关系的互联网盛会，但在马云的组织推动下，变得侠味十足，会场挂出了"新千年、新经济、新网侠"的横幅，而且参会的 5 位互联网大佬都是金庸迷。

马云在会上发表了精彩的演讲："金庸作品里面的义气，我是断章取义。我买过四五套金庸的作品……最近 5 年来第一次在马尔代夫度假，睡了 3 天，醒了就看《笑傲江湖》，这套书认真看了 3 天。何为笑傲江湖？'笑'，有眼光、有胸怀才能笑；'傲'，有骄傲才能傲；网络就是江湖。……1995 年做网络，人家认为我们是骗子；1997 年做'中国黄页'，人家认为我们是疯子；现在，人家认为我们是狂人。我不在乎别人怎么说，坚持自己是对的就做下去。"

"西湖论剑"办得很成功，并成了一个传统的项目，连续好几年的秋天，互联网的精英们都会到西湖"论一次剑"。

首届"西湖论剑"之后，马云在中国互联网的影响力大为提升，阿里巴巴的品牌效应也更为明显。在"西湖论剑"之前，新浪、搜狐、网易是中国互联网界公认的三大门户网站，王志东、张朝阳、丁磊是"三大掌门"；在"西湖论剑"之后，人们开始议论"五大网站"和"五大掌门"了。

第二届"西湖论剑"之后，杭州市政府把其加入到了西湖博览会的行列。

随后几届"西湖论剑"都很成功，也越来越成了互联网世界的一场智慧碰撞、经验交流、问题探讨的大盛会。2005 年之后"西湖论剑"停办了几年，2010 年又重新开启。

山雨欲来风满楼

2000 年，以美国为中心的互联网热浪，汹涌澎湃，涨到了最高潮。中国互联网也开始向海外冲刺。新浪网于 4 月 13 日率先出手，网易、搜狐紧跟其后。三大门户网站在几个月内相继登陆纳斯达克。"上市！上市！！上市！！！"几乎是当年所有中国互联网企业共同的理想和口号。

所有的资本都被点燃了激情，大肆涌向互联网企业。中国最好的广告牌上几乎都写着某个互联网公司的名号，大家比着烧钱。最煽情的说法是，一个碗上写着".com"的乞丐都能拿到上千万美元的风险投资。

作为弄潮儿的马云，在不同的道路上极力追赶新浪、网易和搜狐。"不打甲 A，直接进世界杯"是阿里巴巴的战略目标。但在整个战略行动的过程中，隐藏的问题慢慢地凸显了出来，山雨欲来风满楼的味道越来越浓。在这所有的问题中，首先就是巨大的海外开支问题。阿里巴巴在中国香港、美国、欧洲、韩国的机构，每月的费用都是天文数字，而且这些网站都是只出不进，没有一分钱收入。

此外，由于阿里巴巴当时在13个国家建立了办事处等分支机构，进入当地市场以后，自然少不了做大规模的市场推广和广告宣传。这种推广和宣传的费用极其庞大，让领导研发中心的吴炯都感到吃惊，他回忆当时的情形时说："当时钱'烧'得的确够凶的。"他也谈到当时在美国做推广的一些经历。

2000 年，阿里巴巴要在美国进行大规模的宣传活动。计划立项之后，阿里巴巴准备把推广方案交给美国一家专业的广告策划公司具体操作。当时，对方开出了一个高达 1000 万美元的预算价。吴炯觉得这个预算太高了，于是便提出

"至少应该砍掉一半"。正好当时马云也在美国，便接受了吴炯的建议，把预算缩减到了 500 万美元。结果到最后总核算时发现，这个推广方案实际只花了 400 万美元左右，只有压缩后预算的 80%，如果不压缩该有多大的水分啊。所以，一向谦虚的吴炯，后来回忆此事时还不忘邀一下功劳："当年那次预算能减下一半，我的确有功，否则我们 2001 年会更加困难。"

阿里巴巴的海外疯狂扩张，从 2000 年 2 月开始，到 2001 年 1 月完全停止。在这一年时间里，阿里巴巴每月"烧"掉近 100 万美元。直到美国纳斯达克市场开始一路狂泻不止，互联网泡沫开始破裂，华尔街的风险投资全部采取"银根收缩"政策，不愿再为中国的".com"公司"烧"一分钱了（当时，风险投资商对中国互联网公司承诺的新投资几乎全部告吹），马云这才如梦初醒——互联网的"冬天"已经来临了！

也直到那个时候，马云才放缓了疯狂扩张的步伐，停止了大肆"烧钱"。

马云自己经常说："我疯狂，但不愚蠢。"当时的很多隐患他自己也觉察到了，比如，将阿里巴巴的英文网站放到硅谷研发中心后，他就发现自己"犯傻"了："怎么可能从全世界请人到硅谷工作？那是傻瓜才做的事！"后来，对于这个决策，马云用"很幼稚的想法"来形容当时的举动："当时，我觉得英文网站就应该放到美国，美国人的英文本来就比中国人好嘛。"

当时的硅谷研发中心，技术精英的确是不缺，可以说，世界最顶尖的互联网技术人才大多聚集在硅谷。但是，硅谷却缺少另外一种人才——精通网上交易的贸易人才。于是，马云又不惜血本，从纽约、旧金山等大城市引进了一大批这样的精英。然而，从纽约、旧金山到硅谷可不是杭州到上海那么近，开着私家车就到了。而且，马云也不可能把湖畔花园的打地铺、睡会议室的艰苦奋斗精神，灌输到动辄以"不合理劳动制度"向工会起诉的西方人脑海里。那么，怎样解决这些人的住宿问题呢？豪气的马云玩出了大手笔——坐飞机上班！

于是，一种在美国人民看来也算是壮观的场面出现了：每天早上，阿里巴巴的外籍员工从纽约、旧金山等城市"空降"到硅谷上班；下午下班，这些人再坐飞机回家。这种局面持续了一个半月以后，马云才发现这个决策"傻到家"了，赶紧停止了。

这听起来有些天方夜谭，很难让人相信。因为这种日日"双飞"的超员工待遇，即使在今天的世界500强企业中，也是闻所未闻的。

不过，这个"英明"决策的始作俑者并非马云，而是一个美国的MBA。马云后来评价说："（这个MBA）人很聪明，当时他提出来时想想真是有道理……"所以，互联网泡沫破灭之后，马云再也不喜欢用MBA了。在2005年的一次北京峰会上，马云甚至还与北大的张维迎教授打了一场口水战，并且说："我们公司95%的MBA都被我开掉了。"

在阿里巴巴成本大幅增加的同时，其内部人员的管理也出现了问题。

阿里巴巴招募了大批的优秀人才，按理来说应该具有很强的竞争力，能快速地发展起来，但事实并非如此。因为"50个聪明人坐在一起，是世界上最痛苦的事情"。这是马云最深切的感受。这些世界各地的精英，每个人都有自己的想法，都有自己独到的见解，而且都认为自己是对的，互不相让，各执一词，这让马云很是头痛，不知道到底该听谁的。

还有执行的问题，也很不好办。尽管在"湖畔时代"，马云就允许内部有不同的声音，允许大家拍桌子、吵、闹，甚至打一架，但那时有一个原则：一旦定下来了，绝对服从命令，执行第一。然而此时的情况却完全不同，阿里巴巴的员工已经不是当年"湖畔时代"清一色的黄皮肤的中国人了，而是来自13个国家的精英，这些自认为很聪明的人，并不是马云指哪里就毫无条件地打哪里。这让马云有一种无力感和郁闷感。

对此，马云说："那些职业经理人的管理水平确实很高，就如同飞机引擎一样，但如此高性能的引擎就适合拖拉机吗？"

上帝让你灭亡，会先让你疯狂。2000年的互联网世界就已经陷入了完全疯狂的境地，烧钱如烧纸，不计成本地大肆开张、扩张，这为它的崩溃埋下了严重的隐患。马云当时领导阿里巴巴大肆扩张，就是陷入了这种魔咒。

"西湖会议"挽救了阿里巴巴

2000 年 3 月 10 日，纳斯达克指数到达了 5048.62 点的顶峰，随后开始下跌。刚开始，指数跌幅不大，人们普遍认为这只是股市的正常修正。可是没过多久，纳斯达克股指大幅下跌，并开始崩溃。股市一片狼藉，哀鸿遍野。紧接着，大批互联网企业开始倒闭。

破灭的互联网泡沫浇了雄心勃勃的马云一头一脸，使其狂热躁动的心骤然冷静了下来。疯狂烧钱只会把自己烧死，根本烧不出自己梦想中的世界伟大的互联网公司。于是，2000 年 10 月份的头三天，马云率阿里巴巴高管，在西湖西子宾馆召开了一次闭门会议，对公司的战略和发展方向进行了一系列重大的调整。后来，这次事关整个阿里巴巴生死存亡的重要会议，在公司内部被称作"西湖会议"。

"西湖会议"整整持续了三天，气氛异常激烈，尤其是前两天，围绕公司的发展方向、产品策略问题，高管们争论得面红耳赤。

最后，他们达成了共识：阿里巴巴主要有五个战场，分别是中国内地、中国香港、美国、欧洲和韩国。这可以看作是阿里巴巴的五颗子弹，但这五颗子弹里，只有一颗子弹能够制胜，只有一个地方能够活命，那就是中国，就是杭州。

有了这个共识，于是马云和决策层做出了三个"BTOC"的战略决定：Back To China（回到中国），Back To Coast（回到沿海），Back To Center（回到中心）。

"Back To China"，就是要全面收缩战线，撤站、裁员。减少人力资源成本，节约有限的资金，积蓄"过冬"的力量。

"Back To Coast"，就是指将业务重心放在沿海六省。专注于中国最发达的经济区域，以有限的资金投入，尽可能地去获得 B2B 的成功。

"Back To Center"，是指回到杭州本部。在会上，马云决定把阿里巴巴的"司令部"（总部）搬回其创业基地、大本营——杭州，而香港则降格为中国区总部。在自己的"老巢"才能凝聚最强大的力量，激发最大的潜能，发挥团队的作用；同时还能节省大量的费用。

对于阿里巴巴将要进行的那场伟大的、轰轰烈烈的攻坚战而言，"西湖会议"是最壮烈的前奏。因为，它拯救了阿里巴巴！

马云曾经说过："如果再延迟一段时间进行战略调整，阿里巴巴就已经死了。"

忍痛裁员，度过危机

阿里巴巴调整的大战略已经在"西湖会议"上制定好了，其核心就是回到中国，全面收缩。方向很明确，也很明智，但如何执行却是个大问题。

首先是撤站、裁员，压缩高昂的人力资源开支。可是，对于仗义豪爽的马云而言，这是一件非常困难的事情。他心里很清楚，如果公司开始进行大规模裁员，那么将会有许许多多曾经豪情万丈、愿为阿里巴巴"抛头颅、洒热血"的好员工，不得不带着"风萧萧兮易水寒"般的悲情离开阿里巴巴。这种"出师未捷身先死"的悲壮之感，在 4 年前他已经深深体会过了，那是一种揪心的痛。

然而，在这生死攸关的时刻，他别无选择，只能咬着牙狠心去做自己并不愿意做的事情。值得庆幸的是，这个时候有猎头公司推荐了一个替他"大开杀戒"的人。这个人就是关明生，后来被称为阿里巴巴的"铁血宰相"。

关明生毕业于英国剑桥郡工业学院，后获得拉夫伯勒科技大学和伦敦商学院的工程学和科学硕士学位。此人在美国通用电气公司工作达 15 年，4 年之内把该公司医疗器械在中国的销售收入从零提高至 7000 万美元；随后，又在财富 500 强企业 BTR PLC 及 Invensys PLC 担任中国区总裁，在业界具有很高的知名度。

具常理而言，这么优秀的人才，不应该选择如此不景气的互联网行业。但是，关明生不是一般人，思考问题的方式和看待事物的眼光很特别。他认为，对于一个具有远大前景的行业而言，暂时的危机反倒是最好的机会。于是，经过与马云的接触之后，他选择了加入阿里巴巴。这种雪中送炭的事情让马云喜出望外，立即任命关明生为 COO。

关明生是个经验丰富、果断干练的人，刚上任就着手撤站、裁员的工作。他先了解情况，就问蔡崇信："我们的账上还有多少钱？"

"还剩不到 700 万美元，如果还按现在这种花法，最多能支撑半年。"蔡崇信很坦率地说。

听了这话，关明生马上明白了阿里巴巴所面临的严重境况。

接下来，关明生和马云以及其他高管商量到底该如何裁员。马云的意思是裁掉一部分，把那些拿高薪，却相对而言不优秀、不努力的人裁掉。关明生明白马云不忍心彻底裁员，也怕大伤阿里巴巴的元气。但在这种关键时刻，任何的犹豫不决都是致命的，他知道自己该做一回"恶人"了。于是他说出了自己的想法，必须进行干净彻底的裁员，任何不必要的人都不留，否则治标不治本，很难解决阿里巴巴的问题。

最终，关明生说服了马云。其实，马云也清楚所面临的严峻形势，明白"长痛不如短痛"的道理，知道理性必须战胜感性。

裁员是从杭州大本营开始的。马云、蔡崇信等高管首先做了榜样，大幅减薪。其他人员也是该减薪的减薪，该走人的走人。裁员工作进行得还算顺利，没有遇到太激烈的反应。

当时，有一位比利时员工，年薪高达 6 位数（美元）。关明生坦诚地对他说："公司已经付不起你的薪水了，如果你要继续留下来也可以，但只能领半薪。"

这位员工无法接受减薪，就离开了。其实，如果这位员工选择留下的话，作为一种补偿，他的股份是可以升三倍的。而 7 年后，阿里巴巴 B2B 上市，他将获得巨大的财富。

裁员的第二站是美国。2001 年 1 月 24 日，关明生和蔡崇信来到了美国。就在他们来之前，吴炯已经多次打电话，说硅谷的工程师们已经人心不稳。显然，公司裁员的消息已经传到美国。

当时，阿里巴巴的硅谷研发中心有 30 名工程师。这是马云为了能与微软、雅虎、eBay 等大公司抗衡而招聘的技术最强、经验最丰富的一批工程师。他们的年薪都在 6 位数（美元）以上。只这一批人一年几百万美元的薪水，就能拖死阿里巴巴。

知道没有退路的关明生和蔡崇信毫不留情地"大开杀戒"，整个硅谷研发中心最后只剩下了两个人：一个是美国研发中心的总负责人吴炯；另一个是名叫 Tonny 的人，他是阿里巴巴创立不久就加入的老员工。

硅谷研发中心的裁员力度之大出乎吴炯的意料，这让他的心里很难受。被裁掉的这些人，很多都是他从硅谷亲自精挑细选来的，而且已经一起共事一段时间，有些感情。如今，就这样全都走了。于是，吴炯向马云提出了辞职。

马云很理解吴炯，因为他也经历过同样的痛苦和无奈。而且马云本来就非常重视技术人才，像吴炯这样的顶尖技术天才他是绝不会放手的。何况他和吴炯有很深的私人交情，对这位技术天才不惜舍弃雅虎的高薪和股票期权而加入阿里巴巴，他更是心存感激的。

最后，在马云、蔡崇信等一帮高管的极力劝说下，吴炯决定留下来和阿里巴巴风雨同舟、荣辱与共。

接下来，阿里巴巴香港总部开始裁员。

香港总部主要是蔡崇信一手组建起来的。自从加盟阿里巴巴以来，蔡崇信大部分时间都在香港办公。他与那些同事待的时间比较长，感情非常深厚。现在要辞退这些同事、朋友，他内心深处承受着巨大的感情煎熬，但他最终还是理智战胜了感情，下决心裁员。在关明生赶到香港的时候，蔡崇信已经裁掉了一批员工。

对于香港总部的裁员，关明生并没有采用美国裁员时的那种暴风骤雨式的袭击，因为这里的员工大部分是华人，而中华民族向来重情义、讲感情，往往会在合"情"与合"理"之间找到一种平衡。

于是，到了香港之后，关明生他们就找员工们逐个谈话，向他们解释公司的难处，希望能得到这些人的理解。当然，向他们传递的信息也很明确：不得不裁！

最终，经过一番周折之后，香港总部的30多人被裁得只剩下七八个了。对此，最为痛心的当属蔡崇信了。为了调节心情，他以度假的名义，一个人躲到了上海。

最富黑色幽默色彩的一件事，大概还是发生在一名提前请假回去和家人过春节的上海籍员工身上。就在大年初二的那个下午，那名员工接到香港总部打来的"拜年"电话："非常遗憾地通知你，你不必再回来了。"失业成了那名员工最为特别的新年"礼物"。

随后，阿里巴巴撤销了韩国的站点，北京办事处的员工也裁掉了一半。同时，马云对广告预算、人员出差费用等方面进行了调整，大大地压缩了成本。

通过以上的一系列动作，马云暂时缓解了阿里巴巴的危机，为公司赢得一些喘息的时间。

"中国供应商"和"诚信通"

大收缩、大裁员之后的阿里巴巴，士气受到了巨大的影响，但这对马云来说不是太严重的问题，因为马云最擅长的就是鼓舞士气。在马云的鼓励和带动下，阿里巴巴团队很快就振作了起来。而且，更为有利的是，战略收缩之后，阿里巴巴更加灵活，更加便于管理，也更专注。

2000 年 10 月初，阿里巴巴就推出了一项新的服务产品"中国供应商"。战略收缩之后，马云就重点打造"中国供应商"。"中国供应商"这个产品出现后，阿里巴巴终于知道该如何赚钱了，也为阿里巴巴的发展奠定了基础性的一步。

"中国供应商"的具体服务内容主要有三项：第一，帮助客户展示他们的产品以及企业的形象，就是线上为客户提供一个网络空间，客户可以在上面发布产品和企业的信息以及 10 张图片；第二，收集客户的产品及各种信息，然后由阿里巴巴刻成光盘，统一带到各种国际展会进行推广宣传，如果连续几个月效果不佳，阿里巴巴会主动联系这些会员，重新调整、修改、制定方案；第三，是培训，主要包括应对外商的各种礼仪及相关知识。

"中国供应商"推出有其深刻的经济背景。当时，经过十几年的改革开放，中国经济获得了巨大的发展，各种低价商品大量生产，中国成了世界产品的重要供应国，尤其是浙江、广东等沿海地带的小商品，出口量更大。但是，由于信息和规模的限制，如何被海外购买商注意到或者看中，成了许多中小企业面临的难题。对于中小企业而言，十几万、几十万元的推广宣传费用是一笔压力很大的开支，而且这些钱花了未必能被外商看中，并最终购买。这时，马云推出的"中国供应商"，解决了这些中小企业的难题。通过在阿里巴巴网站注册成会员，不用花费太高的费用（普通会员 4 万元，高级会员 6 万元）就能达到在国外推广宣传的目的，何乐而不为呢？

顺应了潮流的阿里巴巴发展非常快，B2B 注册会员在 2001 年 12 月 27 日就达到了 100 万个。阿里巴巴也成了全世界第一个达到百万注册会员的 B2B 电子商务网站。

在阿里巴巴发展的过程中，马云发现许多客户担心被骗，为了解决这一问题，他推出了"诚信通"。"诚信通"上线时间是 2001 年 8 月份，价格也不贵，只有 2300 元。"诚信通"建立在诚信的基础上，通过与信用管理公司合作，对不同的网商进行信用认证，只有正规经营、信用良好的商家才能通过认证。

只要是注册会员，就可以通过"诚信通"查看企业的诚信档案，包括企业的荣誉和污点，还有企业网商的评价。

虽然会员注册的时候有些烦琐，但马云认为最终的结果一定是好的，因为对广大网商来说，交易的安全，完全比注册的烦琐重要。事实证明，马云的判断是正确的，"诚信通"大获成功。

另外，马云还有着非常厉害的一招，就是内部信息排名服务。申请该项服务的会员可以为公司制定8个关键词，为产品制定3个关键词。当买家搜索这些关键词的时候，能优先看到其产品信息。对于阿里巴巴的注册会员来说，谁都希望自己的产品能首先让买家看到，而要达到这种目的的办法就是多付费，提高自己的排名。而这种竞价排名的模式，如果会员越多，竞争就会越激烈。

随着以上几项收费产品的推出，阿里巴巴逐渐走出了严重亏损的窘况，看到了盈利的希望。于是，马云宣布："2002年，我们的目标是全年赚1元钱。"这显示了马云对阿里巴巴实现盈利的把握和信心。其实，阿里巴巴很快就实现盈利了，到2003年年底的时候会员数量达到270万，盈利超过了1亿元。

PART 3

C2C 大爆发：淘宝成功奠基"百年阿里"

伴随"非典"而生，对抗 eBay 易趣而活，依托支付宝而盛，淘宝成了全球最著名的 C2C 平台。

　　淘宝网的建立，是马云创办阿里巴巴过程中的一个具有里程碑意义的事件。现在的阿里巴巴，大部分业务其实都是从淘宝衍生出来的。在淘宝创办初期，从没有人会想到淘宝会爆发如此庞大的力量，会取得如此巨大的成就。

第1章

"淘宝"，马云打造的秘密武器

为了消灭阿里巴巴的潜在威胁，开拓新的利润增长点，马云秘密打造了淘宝网。很不幸，淘宝网一诞生就遇到了"非典"，还差点夭折。这也许就是好事多磨吧。

抢先下手，进军 C2C 领域

马云从来都不是一个守城之人，而是一个攻城之人。这与其不安分的创业基因具有很大的关系。当阿里巴巴的 B2B 项目取得一定成绩，并逐渐稳定发展之时，马云把目光投向了 C2C 项目。

当时，在 C2C 领域，美国的 eBay 是当之无愧的老大。在国内，邵亦波 1999 年在上海创建了易趣。易趣的成立，填补了中国电子商务 C2C 的空白。此后，不到半年时间，易趣就获得了"国内拍卖网站之冠"的称号，在 CNNIC（中国互联网络信息中心）2000 年 1 月发布的第 5 次《中国互联网络发展状况统计调查》中显示：易趣网以最高票数位居国内拍卖网站之首，成为中国最受欢迎的拍卖网站。而在 2002 年 3 月份，eBay 进入中国，并向易趣注资 3000 万美元，获得 33% 的易趣股份，两者成了战略合作伙伴。马云想在 C2C 领域分一杯羹，难度可想而知。

对于为什么要做 C2C，马云后来说："如果说我不采取任何行动，三五年之后，等到 eBay 进入 B2B 市场，它的钱比我们多，资源比我们多，品牌比我们强，那个时候对阿里巴巴来说，就是一场灾难。当时的情况有些像这样，我们拿起望远镜一看，看到一个和我们长得一模一样的兄弟，块头比我们大得多，吓一跳。可当时在 eBay 眼里，我们根本就什么都不是。我觉得，这可以让我们占一个先手，

eBay 的漠视对我们来说是一个最好的机会。"

　　真正产生进军 C2C 的想法来自马云的一次东京之行。2002 年底，马云到日本东京进行考察，想寻找几个"新的增长点"。比如短信、网络游戏等项目。与马云一起去的还有金建杭、李琪等高管和技术人员。孙正义知道之后要求与马云见一面，商量一些非常重要的事情。马云当时很奇怪，到底有什么重要的事情呢？

　　见面之后，孙正义说阿里巴巴的 B2B 本质上与 eBay 的 C2C 是一样的，两者相互融合并切换是迟早的事情，而且也不难，并向马云详细介绍了 eBay 兵败日本的全过程。eBay 在 C2C 领域的强大是有目共睹的，但是，没有想到在日本市场上被雅虎日本公司（孙正义为大股东）打得一败涂地，雅虎日本公司最终抢得 70% 的市场份额。孙正义认为，日本能战胜 eBay，同处亚洲的中国也一定能。因为，eBay 在亚洲的水土不服表现得相当厉害。

　　与孙正义的谈话让马云触动很大，随之萌发了做 C2C 的想法。马云本来就是一个胆大、勇于挑战之人，现在有了 eBay 败北的先例，他更有理由去搏一把。

　　马云想得很明白，当时，eBay 已向易趣注资，以 eBay 一贯的风格来看，全额收购只是早晚的事情。虽然易趣在中国市场的占有率高达 90% 以上，但是马云算了一笔账，"当时中国的互联网用户是 8000 万，而易趣的 90% 的市场份额带来的用户只有 500 万。OK，这 500 万全部归你，我不要，我只要当时 8000 万用户中剩下的 7500 万。这还是当时的互联网用户的数字，这个数字到今天已经早就过亿了，可见这个市场有多大。"

秘密打造淘宝网

从日本回来之后，马云就开始琢磨该怎么样上马 C2C 项目。他首先要说服阿里巴巴的高管。当他把做 C2C 的想法告诉吴炯的时候，吴炯大吃一惊，坚决反对。吴炯认为，eBay 太过强大，很难战胜，而马云提出的想法只是对 eBay 的简单模仿，当 eBay 大举进入中国的时候，马云的这个想做的项目将不会有任何机会。

马云不厌其烦地向吴炯及其他高管解释 C2C 的可行性，最终 C2C 项目在马云的坚持下被定为公司的下一个重点目标。由于 C2C 的敏感性，马云把其作为公司的保密级项目。

2003 年初的一天，马云找到了当时担任投资部经理的孙彤宇，让他带领人员成立 C2C 项目部。

孙彤宇是阿里巴巴"十八罗汉"之一，也是彭蕾的丈夫。他一直在阿里巴巴从事销售工作，后来被调到了投资部。马云对他非常信任。

为了保密，马云将 C2C 项目部放在了当初创业的湖畔花园别墅。而且参加项目的 10 位员工都被要求签订了保密协议书。每个人都被告知：公司有一项秘密任务需要你去完成，如果你愿意参加，就在桌子上的那份文件上签字；如果不愿意参加，就可以离开办公室。但不管参加与否，你都必须承诺保密，不得向外泄露任何信息。如果你签了协议，那就必须单独与一个团队工作一段时间，甚至连自己的家人都不能告诉。

同时，马云告诉他们，公司不能给你们承诺任何东西，但能保证福利待遇一定不会比现在低，而且这个项目对公司的未来发展至关重要。

在"经过极为短暂的考虑之后"，这10名员工都同意签订协议。签字之后马云才告诉他们所要做的事情——一个月之内让C2C网站上线。大家都非常震惊，这简直是虎口夺食啊！eBay能那么好对付？

马云知道大家怎么想，于是详细地讲述了做C2C的理由。马云的口才绝对是一流的，很快大家就兴奋了起来，决定大干一场。

2003年4月10日，C2C项目组正式开始运作。

项目组由3位技术人员和7位网站运营及客服人员组成。他们吃住都在湖畔花园的公寓里面，每周只能回家一次。

万事开头难，大家都知道要做C2C网站，但具体做成什么样、如何做心里都没有底。特别是3名技术人员，对C2C网站的开发毫无经验，一切只能"现炒现卖"，"摸着石头过河"。他们把能找到的类似的网站全部研究了一遍，觉得还是eBay的框架模型最理想。随后经过反复的研究测试之后，网站的雏形出来了。它的基本功能只有两个：论坛和交易。

关于网站的名字，一直没有确定。大家都知道这是重中之重，所有人开始苦思冥想，据说当时想了阿里妈妈、淘金、淘宝、乐购、买好等50多个名字。其中"阿里妈妈"的呼声最高，理由是这很像一个大家庭，"阿里爸爸"在外赚钱，"阿里妈妈"在家花钱购物，不过，这个名字由于"随意而不严肃"而被否决了。

最后，孙彤宇拿着筛选出的十几个名字让马云选，马云一眼就看中了"淘宝"。对此，马云曾说："想出这个好名字的同事，有功；孙彤宇把这个名字写在纸上没有划掉，一起拿来给我看，有功；马云选中了这个名字，也有功。"

2003年5月10日，经过一个月的艰苦奋战，淘宝网成功上线。7月7日至9日连续三天，马云率领阿里巴巴高层分别在杭州、北京、上海召开新闻发布会，大力宣传淘宝网。

马云打造的秘密武器至此完全露出了真容。淘宝网不负众望，最终成了阿里巴巴开疆拓土的利剑，成了马云传奇最耀眼的一抹精彩。

"淘宝"接受"非典"的洗礼

2003 年的三四月份，"非典"疫情暴发，人们都成了惊弓之鸟，怕得要命。只要发现谁感染了"非典"，谁就会被果断地隔离，而且和他接触过的所有人也都要被隔离，并被进行详细的检查，以确定是否被感染。这给正常的商业活动造成了巨大的影响。很不幸，淘宝网正好赶上了这个"好时候"。

因阿里巴巴去广州参加广交会的一名员工染上"非典"，这让整个杭州如临大敌，实施了最大规模的隔离：超过 500 人被隔离，杭州市市长前一天刚来视察过阿里巴巴，结果市长及随从人员也因此被隔离。

当时，几乎整个华星科技大厦都把阿里巴巴当成了公敌，纷纷指责。

面对这种非常时刻，被委屈和难过包围的马云给阿里巴巴全体员工写了一封落款为"阿里人：马云"的公开信。在信中，马云表示了深深的歉意，愿意为了"同事和杭城父老兄弟姐妹的健康付出一切"。他承认阿里巴巴存在很多不足之处和漏洞，需要认真反思，同时希望大家团结一致，共渡难关，迎接挑战。

全公司的员工在马云的带领下开始了在家隔离式的工作。员工将工作电话转移到家中，甚至家里的老人都养成习惯，拿起电话的第一句话就是："你好，阿里巴巴。"

因受"非典"的影响，虽然淘宝网 5 月 10 日成功上线，但场面极为寒酸，甚至凄凉——没有鲜花，没有大餐，没有镁光灯，没有欢快的音乐，没有涌动的人群，只有十余处居民楼里阿里巴巴员工默默的祝福。

为了纪念这个特殊的时刻，为了铭记这段苦难的岁月，也为了感谢员工不离不弃的参与,马云把 5 月 10 日定为了阿里巴巴公司的"阿里日"。

可以说,"淘宝"是伴随着"非典"而诞生的。经历苦难洗礼的"淘宝"具有强大的生命力和无穷的发展潜力,很快就成为电商的黑马,一骑绝尘。

再融资,"淘宝"备足冲锋的弹药

随着淘宝网的上线,阿里巴巴又开始了新一轮的融资。投资方是软银的孙正义。2003 年 7 月,马云和蔡崇信来到日本与孙正义谈融资的事情。

刚见面,马云与孙正义都很沉得住气,不谈融资的事,只是坐而论道,就互联网的发展大势交换看法,直到几天之后,双方才开始正式谈判。

这次谈判的焦点主要在两个方面:第一,孙正义投入巨资之后应该占阿里巴巴多少股份,是否控股;第二,阿里巴巴的员工团队能否全员持股。第一个问题相对好解决,投入资金和所占股份都可以好好协商。主要是第二个问题,争议很大——马云坚持员工团队全部持有股份,马云从来就是这样,常常为了员工的利益与股东争得不可开交;而孙正义不同意,因为日本很少有员工持股的先例。在这个问题上双方争论不休,互不相让,一时间谈判陷入僵局,场内气氛也变得十分沉闷和尴尬。

这时,也许是为了缓和一下这种极为难受的气氛,马云和孙正义不约而同地站起来去了洗手间。

在洗手间里,马云对着镜子像是自言自语地说道:"我觉得 8200 万是一个合适的数字,你觉得呢?"

孙正义愣了一下,又沉默了一会,随后爽快地说:"好,那就这么定了。"

而后,马云与孙正义从洗手间里走了出来,微笑着对大家说:"谈判有结果了……"一时间，蔡崇信及软银的代表都愣住了。

事后蔡崇信回忆说："我看他们两人去洗手间的时候还显得有点紧张，再回到会议室的时候都笑容满面了。"

就这样，一场紧张而艰难的谈判突然峰回路转，获得了令双方都满意的结果。马云在洗手间里与孙正义确定了 8200 万美元的投资，这听起来似乎太不可思议了。

事后有人采访孙正义："您为什么会如此轻易地在洗手间就同意了马云提出的 8200 万？"

孙正义说："马云对着镜子自言自语时的自信和坚定打动了我，他这样一个自信的人，做出的决定又怎么会出错呢？而且，8200 万确实是一个很合适的数字。"

2004 年 2 月，软银携手富达投资、华盈创投等机构，联合向阿里巴巴注资 8200 万美元，其中软银占绝大部分，出资额达 6000 万美元。这是当时风险投资向互联网公司单笔投资数额最大的一次，也是孙正义在互联网泡沫破灭之后最大的一次投资。

当 8200 万美元融资正式到位之后，阿里巴巴召开了新闻发布会。在会上各路媒体纷纷向马云表示祝贺，没想到马云说了一句："你们应该恭贺的是我们的投资者，而不是我们。"这句含义深刻的话日后被广泛引用。

这次投资完成之后，高盛作为天使投资人退出了阿里巴巴股东层。就此，马云曾说："与高盛的整个合作是愉快的，他们进入后仅仅 4 个月，软银就进入了。从软银进入的资金和它获得的股份看，高盛的投资当时已经增值了 4 倍。而当第三次融资结束后高盛退出时，虽然阿里巴巴还没有上市，但高盛还是获得了 10 多倍的收益，可以说高盛的阿里巴巴之旅是愉快的。"

这次融资完成后，马云向淘宝注入了 3.5 亿元人民币的资金，其余的留作公司以后的运营资金。获得巨额资金支持的淘宝网，迅速走向了发展的快车道，迎着巨无霸 eBay 义无反顾地冲了过去。

第 2 章

关键一环是"支付"，占领高地抢得先机

马云预见性地认识到，只有解决了支付问题，才能够在电子商务竞争中傲视群雄，制胜未来。因此，支付宝应运而生。刚开始，支付宝只是一个支付产品，但谁也没有想到，支付宝最后会成为马云金融帝国的基石。

应运而生的"支付宝"

"淘宝"上线之后，马云面临的另一个重要问题就是交易安全问题。在互联网的热点调查中，有42.3%的用户质疑网络购物的安全性问题。如果这个问题解决不了，买卖双方就更倾向于同城交易，或者柜台交易，这样网上交易就很难发展起来。

其实，在马云推出"支付宝"之前，电子商务公司已经做出了尝试。在国内，2000年易趣就推出了"易付通"服务，这是国内首创。在国外，美国已经有了一个非常强大的支付工具——PayPal。

美国的PayPal能风靡西方，有其特殊的商业环境。首先，PayPal实行的是典型的P2P模式，也就是你把钱直接打到我的账户上，我把货物发给你。这种方式会让买家处于弱势，如果钱汇过去了不发货怎么办？或者货物有问题对方不处理怎么办？其次，PayPal的身份认证不严格，很简单，只要注册一个邮箱就行了。这很容易造假，给交易的双方造成损失，更有一些不法分子利用PayPal进行洗钱。

虽然PayPal有以上这些漏洞，但在欧美国家，信用观念特别强，征信体系也很完善，无论是买家还是卖家，如果出现一次不合规的行为，就会被打入黑名单，永远失去使用PayPal的权利。所以，很少有人出现不诚信的行为。

中国的商业环境与欧美国家的大不一样，其商业传统从一开始就是建立在交情、关系的基础上的，具有很强的主观性。而且征信体系也很不完善，对人们的约束力很弱，因此钻支付漏洞空子的人相对较多。

考虑到以上种种因素，马云没有照搬美国的 PayPal，而是根据国情打造更适合中国的支付工具——支付宝。

支付宝将买卖双方的风险全部承担了起来，最大限度地消除了人们在交易过程中的不信任感，降低交易风险，保证交易安全。它的具体操作是这样的：支付宝设置了"第三方"平台，买家可以放心地付款，他的付款先存放在"第三方"，等到收货以后，确认没有任何问题，"第三方"才会把钱打到卖方的账户，这样就不会发生骗钱的事情。对于卖家而言，也非常有利，因为支付宝的这种方式消除了买家的疑虑，促进了交易的发生，而且非常方便。

2003 年 10 月 18 日，阿里巴巴推出"支付宝"试水。刚开始的时候，支付宝非常弱小，只是由淘宝财务部门的三位员工兼职在做，根本没有专业的运营团队。办公条件也很差，办公桌像小学生的课桌，只有三台笨拙的台式电脑和一台破旧的传真机，只能用 Excel 人工核对账目。

支付宝的第一笔业务是一台二手富士相机，卖价 700 多元，但买家随后就反悔了。财务部有个小姑娘比较相信风水，觉得不吉利，因为人们都讲究开门红，而这支付宝是开门黑呀，于是她努力说服了买家不要退款。整个 10 月份，淘宝上的支付宝交易只有 30 多笔，大概也就 1 万多块钱。

随着时间的推移，以及阿里巴巴员工的不懈努力，支付宝的交易额才慢慢地多了起来，而且是呈爆炸式的增长。这就证明了一个道理：能真正帮用户解决问题的产品才是好产品，用户才会买你的账。

2004 年，支付宝网站正式上线。随后马云成立浙江支付宝网络科技有限公司，开始独立运营支付宝。2008 年支付宝的全称改为支付宝（中国）网络技术有限公司。

马云一直相信：只有解决了支付问题，才能做到真正的电子商务。支付宝的成功，证明了马云的判断。

获得银行的支持是关键

作为一种支付工具，如果不能获得银行的支持和合作是很难维持下去的。马云深知这一点，所以他带领支付宝开始了一场"银行攻坚战"。

支付宝刚上线，由于没有足够的影响力和实力，也就是说资格不够，无法与各银行的总行合作，只得采用各个击破的方式，与下面的分行合作。当时，一方面由于阿里巴巴的自有资金以及淘宝结算时沉淀的在途资金较多，是不可多得的优质客户；另一方面，初创期的支付宝只是一个类似于"保险箱"的东西，和银行的利益没有冲突，于是很快就与杭州、北京、上海等地的分行展开了合作。

与支付宝最早合作的是中国工商银行。当时，工商银行是中国最大的银行，其银行卡的发卡量、交易额、存款余额，都占到了全国金融机构总量的10%以上。马云就把工商银行作为了合作的首选目标。马云的运气很好，由于工商银行正处在向商业银行转型的艰难期，急需优质的网上银行客户，所以当孙彤宇代表阿里巴巴去找工行西湖支行商谈支付宝合作事宜时，双方"一拍即合"。

随着合作的分行越来越多，支付宝逐渐具备了强大的影响力和实力，与各总行的合作也就水到渠成。

第一个与支付宝全面合作的也是中国工商银行。2005年3月2日，支付宝与中国工商银行达成战略合作伙伴协议，共同进军电子商务第三方支付平台。根据该协议，中国工商银行和阿里巴巴公司将在原有合作的基础之上，进一步加强和拓展双方在电子商务支付领域的合作力度和范围，彻底解决了困扰中国电子商务的支付瓶颈难题，把支付宝打造成最安全、最快捷、最普及的电子商务网络支付产品。

当时的工行副行长张衢特意强调："双方的合作，是国内最大的商业银行和国内用户量最大、成交量最大的电子商务企业的强强合作。"

万事开头难，当阿里巴巴攻克了银行的堡垒，与工商银行合作成功后，与其他银行的合作相对来说就容易了很多。

3 月 16 日，支付宝与中国农业银行达成合作协议。在签约仪式上，马云宣布，支付宝公司与中国农业银行在 B2B 电子支付和个人网上支付领域携手，共同开拓电子商务时代的网上支付。这为支付宝进军城乡市场铺好了道路。

4 月 20 日，支付宝与 VISA 国际组织最终达成战略合作协议，解决了海外支付的难题。根据协议，VISA 验证服务将于签约之日起正式应用于支付宝在线的支付系统，而支付宝成为中国首家正式推出 VISA 验证服务的网上支付平台，国内外任何一张带有 VISA 标志的银行卡，自即日起都可以使用支付宝。双方决定共同开创全球发展最快的中国电子商务在线支付市场，把 VISA 的支付品牌实力与支付宝丰富的电子商务客户资源相结合。

6 月 21 日，马云与招商银行行长马蔚华相聚在美丽的西子湖畔，并签订了支付宝与招行的合作协议。

7 月 5 日支付宝与广发银行、浦发银行进行合作，只要有广发或浦发银行卡，就能进行在线充值和支付业务。

随后是建设银行……

当时，马云和支付宝开展的这些"银行运动"，在业界引起很大轰动。当然，在马云率领支付宝一路"攻城略地"的同时，竞争对手们也没闲着。从 2005 年 2 月开始，做第三方支付工具的公司在数量上骤然增加，无论是互联网公司，还是一些物流公司，都在尝试着进入这个新的领域。但是，由于马云"起跑"较早，其他竞争者很难在第三方支付领域实现超越。

华尔街投资者曾经预言："谁在支付上掌握了主动权，谁也就掌握了中国的电子商务市场。"

马云的支付宝抓住了机会，牢牢地掌握了主动权，所以成了中国电子商务领域的主导者。

借助娱乐业搞推广

马云在努力推动支付宝与银行合作的同时，也加大了支付宝的推广宣传力度。他与电影《天下无贼》的互动合作就非常成功。

《天下无贼》是冯小刚 2004 年导演的贺岁大片。这部影片当时非常火爆，其国内票房创造了历史，突破了 1 亿元大关。

马云利用《天下无贼》推广淘宝，他向《天下无贼》投资了 1 千万元，让淘宝大出风头：从广告贴片、海报宣传到影片公映的新闻发布会，淘宝的影子无处不在。这使得大众很快记住了淘宝。

阿里巴巴还组织了《天下无贼》在淘宝上的拍卖活动。除了影迷自己拿东西到淘宝网上拍卖外，就连电影中明星使用过的道具都拿到淘宝网上拍卖。从刘德华的数码摄像机、开机仪式上的藏式马靴和礼帽，到李冰冰的数码相机，无一不是拍卖的对象。更是让人感到惊讶的是，刘德华穿过的皮裤居然被炒到 2 万元！这种火爆程度为淘宝网聚集了巨大的人气。

淘宝网借助娱乐业的成功推广，让马云尝到了甜头，他也要用相同的方式来推广支付宝。2005 年 2 月，支付宝全面升级，马云利用《天下无贼》拍了一部专为支付宝摇旗呐喊的广告片。在这部广告片中，最富创意的是"傻根"不傻了，他通过支付宝这个全新的网络安全支付工具，将挣的辛苦钱转回了老家，他再也不用害怕被贼偷了。而且支付宝转账是免费的，他还省了一笔汇款手续费。按照他的计算，这笔省下的手续费"可以买一头驴"。"傻根"的扮演者王宝强的傻笑，与支付宝的安全、便捷、免费等相得益彰，给人们留下了深刻的印象。而且，片中还及时推出了广告词——"用支付宝，天下真无贼"，恰如其分地表达了支付宝的安全理念。

同时，马云还邀请了众多大腕助阵，比如华谊兄弟公司的老板——王中军，还有葛优、王宝强、范伟、冯远征等，最大可能地扩大支付宝的影响力。

第 3 章

蚂蚁战大象：阿里巴巴完胜 eBay 易趣

蚂蚁也能打败大象，就如淘宝打败 eBay 易趣。2002 年阿里巴巴才刚开始盈利，而 eBay 已经是一家市值超过百亿美元的电商巨头，两者相比，犹如蚂蚁与大象，然而蚂蚁却最终赢了。具有讽刺意味的是，时任 eBay CEO 的梅格·惠特曼曾经放言 18 个月内结束中国 C2C 市场的竞争，结果马云用淘宝的迅速壮大、eBay 易趣被 TOM 收购而打了梅格·惠特曼"一耳光"。

淘宝遭遇全面封杀

与 eBay 易趣在竞争中获得胜利，是马云最为经典的商业传奇故事：一家全球最大的、正处在巅峰时刻的行业领跑者在中国市场上已经获得了 90% 以上的份额，而一家后起的中国公司仅仅用了两三年时间就夺取了超过 70% 的份额，并最终迫使前者退出中国市场。

2003 年 6 月，国际电商巨头 eBay 全资收购了当时的中国 C2C 电商老大易趣，并更名为 eBay 易趣，其在中国的市场份额高达 90%。当时的淘宝才刚刚诞生，非常弱小。在 eBay 易趣面前，淘宝毫无优势——没有用户、没有经验、没有雄厚的资金，所以当马云说要挑战 eBay 易趣时，一些人嘲笑他在吹牛。

大家都知道电子商务界流传一句名言，就是"大者恒大，小者恒小"，这条规则在 C2C 市场表现得尤为明显。一般都认为，这就是"赢家通吃""一家独大"的市场，不可能有很多家平分天下的局面出现。现在，eBay 易趣已经占得了先机，马云又有什么机会呢？

eBay 为了避免重蹈兵败日本的覆辙，调整了自己的战略，采用与本土网站结合的方式，所以它全资收购了易趣。完成收购后的 eBay CEO 梅格·惠特曼放出豪言：18 个月内结束中国电子商务战争。

eBay 易趣很快与新浪、网易、搜狐等中国顶尖的一线门户网站，达成封杀淘宝的排他性协议，付出的代价是正常商业广告费的一倍。由此可见 eBay 易趣的决心。在他们签订的协议中，明确注明，如果发现这些网站与 eBay 易趣的竞争对手合作，将要受到高额的罚款。

面对强敌，马云充满了信心，他拿出了 1 亿元人民币准备与 eBay 易趣大干一场。可是，理想很丰满，现实很骨感。淘宝遇到了迎头痛击。

马云与淘宝高层制订了完美的推广计划，可在执行的时候处处碰壁，没有人愿意与他们合作。那些网站谁也不愿意因小失大，面临 eBay 易趣的高额罚款。

无奈之下，马云和其高管们决定主攻二线网站，以此完成淘宝网的推广宣传工作。然而，这次他们又失败了。原来这些网站也与 eBay 易趣签订了"不接受与 eBay 易趣同类网站的广告"的协议。

更有意思的是，淘宝团队费了很大劲与一些中小型网站合作，但只要其在那家网站上投放广告没几天，eBay 易趣就会用两三倍的价格独家买断该网站所有关于在线交易的广告。

同时，eBay 易趣还买下了百度、谷歌等搜索引擎中关于"淘宝"的关键词广告，只要搜索淘宝就会出现"要淘宝，到易趣"的广告，还在他们自己的主页上打出了"淘宝贝，开店铺，生活好享受"的宣传语。

马云似乎被逼到了绝境……

"蚂蚁"围攻"大象"

陷入困境的马云苦苦思索该如何突破 eBay 易趣的封杀。马云与团队的高管们不断地商量对策，最终，他们把目标对准了包括个人网站在内的那些个性化的小型网站。

这些小型网站虽然体量不大，就像一只小蚂蚁，但是它们数量众多，如果把这些小蚂蚁团结起来，是完全有可能吭倒 eBay 易趣这头大象的。

马云通过分析发现与这些小网站合作有众多好处：第一，小网站的报价很低，在它们那里做广告可以大幅度地节省成本；第二，因为这些网站小，所以很好打交道，它们更容易接受淘宝；第三，这些小网站联合在一起会产生群体效应，从流量来说，未必比那些大网站少。

其实，马云最初做阿里巴巴 B2B 的时候就是因小而成大事的，那些小企业成就了阿里巴巴。这次马云也要复制 B2B 的方式。毕竟，小网站太多，eBay 易趣不可能都与这些网站签订协议，也许在 eBay 易趣这头大象的眼里，根本就看不上这些小蚂蚁。

既然主攻目标已经确定，马云就带领淘宝团队开始出击了。很快，马云就拿下了一批小网站的广告投放权。随着淘宝在小网站投放量的增加，群体效应逐渐发挥了作用。淘宝团队发现，这种广告投放方式比在大门户网站上的效果更好，以至于有人建议马云完全放弃在新浪、搜狐、网易三大门户网站上做广告的想法。

当然，马云是不会放弃与三大门户网站的合作的。他的终极目标是大小通吃，是通过这些小网站逼迫那些大网站与自己合作。马云非常明白，在利益和趋势面前，没有人会永远选择把淘宝排除在外，它们很快就会接纳淘宝，成为淘宝的合作伙伴。

事态的发展与马云的预想完全一样，没过多久，就有人向马云抛出了橄榄枝。这个人就是搜狐的张朝阳。马云与张朝阳是老朋友，他们通过交换意见达成了合作的初步意向。2004 年 2 月，搜狐与淘宝签订了合作协议，确定了淘宝在搜狐网站上投放广告的事宜。至此，坚冰被打破，eBay 易趣打造的封杀大网被撕开了一道大口子。随后，淘宝与 MSN 建立了联盟合作伙伴关系。

在线上做广告的同时，马云还在线下加大对淘宝推广宣传的力度。比如，公交车的车厢上、地铁站台的广告栏里，都有淘宝的影子。

马云采用的"蚂蚁"行动，初步取得胜利，也改变了淘宝完全被动的局面。

马云的"扬子江鳄鱼"理论

马云曾经说过："eBay 是海里的一条鲨鱼，可我是扬子江里的鳄鱼。如果我们在海里交战，我会输，但如果我们在江里对峙，我稳赢。"这就是被称为马云的"扬子江鳄鱼"理论。

eBay 的 CEO 惠特曼曾经放出豪言："18 个月内结束中国电子商务市场的战斗。"按马云的说法，就是 eBay 这条凶猛的大鲨鱼想在 18 月内吞噬掉淘宝这条扬子江鳄鱼。可是，惠特曼错了，而且错得很离谱，在三年内，自己反倒被对手给干掉了。

从"扬子江鳄鱼"理论可以看出，马云对中国市场的认识更为理性和清楚。即使 eBay 吸取兵败日本的教训，想通过收购中国本土行业里的顶尖企业易趣，以达到占领中国市场的目的，但它最终还是会水土不服，会闹肚子。因为他们对中国的了解并不深刻，只是表面上的一些东西。他们虽然实力都很强大，但缺乏主场优势。

其实，在中国的很多行业中，本土的企业家都曾经利用主场优势击败或抗衡过跨国公司，都完成了"鳄鱼"战胜"大鲨鱼"的壮举。比如在电脑领域，联想的柳传志就曾经抓住机会，靠高举民族品牌大旗击败了众多的国际电脑公司；在家电领域，海尔的张瑞敏也抓住机会，在一轮又一轮的价格战中战胜了众多的日本及欧美家电公司；还有饮料食品行业，娃哈哈的宗庆后则靠城乡渠道的创新，取得了让人骄傲的业绩。中国市场空间的广阔与不均衡，消费习惯的多样化、消费潜力的巨大及感性化、公众资源的可利用及政商关系的复杂，使得每一次商业竞争都充满了独特性和戏剧性，如果仅仅靠商学院学来的那几招"规定动作"，实在很难取得成功。

因为对中国市场特殊性缺乏深刻的认识，eBay 易趣做出了一个自认为非常正确的决定——实现易趣国内平台与 eBay 国际平台的对接。他们认为这样能实现 eBay 全球技术平台的整合，提高整体效率。但事与愿违，在易趣升级之后，由于整个平台的页面形式、交易程序、信用评价机制都向 eBay 国际网站转型，使得很多客户感到不适应。有的老客户甚至愤怒地喊出了"还我易趣平台"的口号。更为要命的是，升级之后的 eBay 系统很不稳定，经常出现掉线的情况。这让本身就感到不适应的客户彻底愤怒了，他们开始对 eBay 易趣失去耐心。

于是，瞅准机会的淘宝大量地接纳 eBay 易趣流失的客户。这使得通过"蚂蚁"行动已经取得了不错效果的淘宝迅速壮大起来。2004 年 11 月 10 日，淘宝发布业绩数据显示，淘宝网 9 月份的成交额达到了 1.6 亿元，10 月份的日成交额增长更快，一度达到了 900 万元，而且淘宝网的注册会员达到了 305 万个。

面对淘宝的壮大以及自己的败退，eBay 迅速进行反击。首先，进行了人事调整，邵亦波卸去 CEO 一职，CFO 郑锡贵升任 COO，负责公司日常运营等具体事务，而 CEO 则空缺。其次，大肆烧钱。当马云宣布淘宝投入 1 亿元人民币做广告时，惠特曼的口气更大，eBay 易趣也投入 1 个亿做广告，但不是人民币而是美元。她在给人们传达一个信号：eBay 易趣是一家非常强大的网上购物平台，有实力一统中国电商天下。

然而随着时间的推移，eBay 易趣的颓势并没有扭转，而是越来越厉害。不管是 eBay 易趣的中国区高管，还是美国总部的高管，他们并没有弄清失败的根本原因——eBay 易趣这只大鲨鱼不是身处大海，而是在江里面。在这里，客户需要的是良好的体验，一味地砸钱做广告，狂轰滥炸，效果并不好。马云就非常聪明，面对 eBay 易趣的强大攻势，马上收缩广告战线，减少广告开支，不与对方正面强攻，而是埋头做产品，做让客户非常满意的产品。

对于 eBay 易趣所采取的这些措施，马云曾做过精辟的评价：系统对接升级是"一步臭棋"；换掉 CEO 邵亦波是"死亡之吻"；大肆烧钱是"活雷锋"。

马云表示，希望易趣在推广方面用越多的钱越好。如果易趣不花这个钱，那么培育市场的工作就得淘宝来做。如果易趣大量烧钱，把市场培育起来了，淘宝只要赢了易趣就行了。

eBay 易趣确实也非常"配合"，最终用 1 亿美元替淘宝"做了嫁衣"，当了一次"活雷锋"。一错再错的 eBay 易趣这条"大鲨鱼"逐渐被马云这只"扬子江鳄鱼"，打得毫无还手之力。

笑到最后的淘宝免费模式

在淘宝与 eBay 易趣大战的过程中，马云抛出了"免费"这个超级炸弹，给了 eBay 易趣最为致命的一击。

淘宝网一上线就采用免费的模式。时任淘宝网 CEO 的孙彤宇曾表示，马云成立淘宝网第一天给他的任务就是彻底忘记收费，eBay 等个人电子商务网站采用的收取交易费的方式未必适合中国的国情，淘宝网需要摸索一种中国的 C2C 盈利模式。

2005 年 10 月 20 日，马云宣布：淘宝网追加投资 10 亿元，未来三年继续免费。面对淘宝的免费策略，eBay 易趣的高层认为"免费不是一种成熟的商业模式"，而且淘宝不敢对其产品收费，就充分说明了 eBay 在中国市场发展的强劲态势。

eBay 易趣这样认为也有其道理，因为 eBay 在北美市场是靠向卖家收费而受到投资商青睐的，它从一开始就盈利，而且获利颇丰。但是，eBay 却忘了，这儿不是北美而是中国。

对于为什么要选择免费模式，马云这样解释："淘宝选择免费的商业模式，并不是因为对手是收费的，我们为了与他们竞争，所以就采用免费的方式，不是这样的。我们最后选择免费，完全是因为市场，因为客户。在此之前，我们从来没有做过 C2C 的市场，制定政策的过程中，也一直在测试，最后我们发现，在这个时候，市场的培育是最重要的，因此我们也找到了唯一能够取胜的办法，那就是免费，因为只有免费，才能赢得市场。

"但是，这并不意味着只要免费就能取胜。我一直强调，免费是我们取胜的重要原因，但不是根本原因。免费只是我们拿在手中招摇的红手帕，真正在我们兵器谱上的杀伤性武器，其实是功能的完善和对客户体验的关注。事实上，除了淘宝，C2C 市场上采取免费策略的网站还有很多家，甚至我们一直希望 eBay 易趣也能加入免费的大家庭中来，一起把市场培育好，把市场做大。为此，在过去三四年的时间里，我们呼吁了四次。每一次我们都说，免费吧，一起免费吧，可是他们不听，或者假装听不见。那好，那就不要怪我不客气了。这些一样采取免费策略的网站，到今天也没有能够取得淘宝的成绩，证明只有免费是万万不够的，真正决定成败的因素，在其他地方，而 eBay 易趣出错，也正是在这里。"

被淘宝免费打得有些招架不住的 eBay 易趣，不得不采取降价的措施。2005 年 5 月 1 日 eBay 易趣宣布：橱窗展示变为免费；商品登录费从原来下调 20% 变为下调 60%；普通店铺月租费从 50 元下调为 35 元。

然而，这种对 eBay 易趣来说已经是"大出血""大割肉"的行为，和淘宝的完全免费比起来，简直是小巫见大巫了。而且，eBay 易趣的行动显然太迟了，这时淘宝的势头已经完全起来了。

2006 年 5 月，淘宝的市场份额达到 67.3%，全面超越 eBay 易趣的 29.1%。2006 年 7 月，淘宝网的注册用户达到了 2250 万个，完全超过 eBay 易趣。2006 年冬天，eBay 黯然离开中国，被 TOM 全面收购。

最终，淘宝网与 eBay 易趣的大战落下帷幕，马云以弱克强，大获全胜。可以说，在小说《亮剑》中，李云龙不畏强敌、敢打敢拼的"亮剑精神"，被马云演绎得淋漓尽致。

第 4 章

掌控雅虎中国，辉煌还是败笔

　　收购雅虎中国对于马云来说是毁誉参半。这次收购也许当时给阿里巴巴带来了荣誉、资金、技术、人才，但从长远看有点得不偿失，因为马云给自己头上长期悬了一把达摩克利斯之剑。

"雅巴"合作前的博弈

在与 eBay 易趣交战的过程中，马云还完成了一件在当时中国互联网界来说惊天动地的大事——收购雅虎中国。

2005 年 5 月初，马云去美国参加"数字中国论坛"时与雅虎的联合创始人、雅虎"酋长"杨致远见面，首次商谈了阿里巴巴收购雅虎的可能性。马云有些心动，他认为收购一个失败但有机会成功的公司是一笔划算的买卖，而且雅虎曾经是自己追求的理想目标。

那么，对于杨致远而言，为什么要卖掉雅虎中国呢？

雅虎在 1998 年 5 月就进入中国，成立雅虎中国，开通了中文"雅虎"网站，这是中国的第一个新闻门户网站。由于起步早，竞争对手很少，而且雅虎的技术和资金力量都很强大，迅速就成了排名第一的中文门户网站。

但是到 1999 年以后，随着新浪、搜狐、网易等中国本土新闻门户网站的崛起，雅虎很快被排挤出第一阵营。因为雅虎缺乏本土优势：一是外国公司的成本非常高；二是新闻在中国是一个被管制的行业，雅虎有很多牌照问题解决不了。

在邮箱领域，曾经很多人使用雅虎的邮箱，但后来遭到了网易丁磊的狙击。网易的 163 电子邮箱做得非常好，雅虎在邮箱领域的市场被大量蚕食。

在搜索领域，雅虎又碰到李彦宏，李彦宏的百度又做得非常好。到 2005 年的时候，百度的市场份额已经占到了 46.5%，另一个竞争对手谷歌占了 26.9%，雅虎只占到 15.6%，完全处于下风。

可以说，雅虎早年的很多优势，如它的门户优势、搜索优势、邮箱优势，都逐渐地丧失殆尽。面对这种境况，出售是杨致远的最佳选择。

2005 年 5 月 16—18 日，第九届"财富论坛"在北京举行。这次论坛有 77 位世界 500 强企业的领导者参加，其中就包括雅虎全球 CEO 特里·塞梅尔。杨致远介绍马云认识了塞梅尔，为双方合作事宜做铺垫。北京"财富论坛"结束不久，马云在杨致远的邀请下去了一趟美国，跟塞梅尔具体商谈阿里巴巴收购雅虎中国的事情。当时，马云与塞梅尔进行了秘密商谈，具体内容不得而知，但结果并不理想，双方没有达成任何有标志性的合作协议。事后，马云表示会在 10 年之后公开谈话内容，因为当时公开会伤害很多人。

正当阿里巴巴与雅虎合作陷入僵局时，发生了一件事，成了破局的契机。当时，阿里巴巴的淘宝与 eBay 易趣正争得头破血流，eBay 易趣逐渐处于下风。为了摆脱中国市场的困境，eBay 高层急于寻找一个强力的合作伙伴，虽然淘宝是其竞争对手，但把 eBay 易趣卖给阿里巴巴也是一个不错的选择。当时就有媒体透露，孙正义有意撮合阿里巴巴与 eBay 易趣。作为大股东，孙正义对阿里巴巴有很大的影响力。

当雅虎公司的高层听到这些消息的时候有些坐不住了。本想与马云讨价还价，争取更大的利益，现在 eBay 横插一脚，要抢生意。绝不能让煮熟的鸭子飞了，于是雅虎开始行动，积极与马云商谈。

马云本就有意于雅虎中国，现在雅虎公司又积极"配合"，于是双方一拍即合，很快在新的条件下达成协议。

与雅虎中国的世纪并购

2005 年 8 月 11 日，阿里巴巴与雅虎共同召开新闻发布会，宣布双方达成全面战略合作伙伴关系。新闻发布会的地点选择在北京中国大饭店的十号会议厅。双方公司的大部分高层出席了会议。

其实，早在 8 月初的时候，媒体就发出了消息——阿里巴巴要与雅虎合作。这一消息在全球互联网界引起了巨大反响。人们纷纷猜测这两家公司到底该如何合作：有的认为是雅虎吞并了阿里巴巴，因为美国的《福布斯》发消息称"雅虎计划以将近 10 亿美元的价格收购阿里巴巴 35% 的股份"；有的认为是阿里巴巴收购雅虎中国，因为上海《第一财经报》发布消息称"阿里巴巴鲸吞雅虎中国，雅虎 10 亿美元陪嫁"。

现在，谜底要揭开了，人们都很期待。在新闻发布会上，记者的第一个问题就是双方到底是谁吞并谁。

马云宣布了双方的合作计划：阿里巴巴公司收购了雅虎中国的全部资产，包括雅虎的门户网站、雅虎一搜、雅虎通、3721 业务、一拍网。同时，雅虎向阿里巴巴投资 10 亿美元，成了阿里巴巴重要的战略投资者之一。而对于雅虎来说，则获得了阿里巴巴经济利益 40% 的分享权，拥有 35% 的投票权。在董事会里面的 4 个席位中，阿里巴巴占 2 席，雅虎占 1 席，软银占 1 席。

在新闻发布会上，马云曾指着主席台旁边大屏幕上的一张照片（马云与杨致远游览长城时拍的，据说照片被 PS 了，原来杨致远一边是马云，另一边是马云的夫人张瑛，现在没有了张瑛）说："阿里巴巴与雅虎的合作，可以说恋爱从

预见未来：马云商传

7 年前就开始了，这张照片是 7 年前杨致远访问中国时，我们在长城上留下的合影。从那时起，我们的相互欣赏就开始了，而现在，这场恋爱终于有了结果。"

这次并购可以说是当时中国互联网历史上最大的一次，直到后来京东商城 15 亿美元的融资才破了阿里巴巴创造的纪录。

对于为什么要收购雅虎，马云有自己的战略考量：第一，雅虎有着非常好的门户经验；第二，雅虎搜索是阿里巴巴急需的东西；第三，雅虎的邮箱依然非常好；第四，"雅虎通"当时在美国也是排名前列的一个产品；第五，最为重要的是雅虎要投资 10 亿美元，对于互联网公司而言，"烧钱"是家常便饭，只有投入大量资金，等做大以后才能赚钱。

马云曾经表示："我们将打造全球最为完整、功能最为强大的电子商务体系——电子商务的四大护法：市场、诚信、支付和搜索。"

在这个电子商务体系中，市场、诚信、支付，阿里巴巴都做得很好，也正在迅速壮大，唯有搜索这一项很弱。现在收购了雅虎中国，雅虎搜索就可以充分利用起来。收购完成以后，马云立刻采取了一系列措施来改造雅虎中国，同时提出了"雅虎就是搜索，搜索就是雅虎"的口号。

为了推广宣传雅虎中国，马云在中央电视台的《新闻联播》后播放了 5 秒的广告。这种黄金段位的广告费是极其惊人的，马云为此付出了 8000 万元人民币。之后，马云又花费 3000 万元人民币的巨资，邀请当红的三位大导演——冯小刚、陈凯歌、张纪中拍摄雅虎搜索的广告。接着雅虎中国又组织"雅虎搜星"活动，在全国范围内为广告片寻找主角。2006 年，赵丽颖曾获得了"雅虎搜星"的冠军，并担任冯小刚执导的广告片《跪族篇》的女主角，由此开始了自己的演艺之路。谁能想到 10 年之后，她成了鼎鼎有名的一线红星。

可以说，收购了雅虎中国之后的马云变得雄心勃勃，豪情万丈，带领阿里巴巴奋力向着"世界互联网最伟大的公司"的目标前进。

首要任务：留住雅虎团队

对于马云来说，收购雅虎中国之后的首要任务是稳定雅虎中国团队，减少人才流失，并让雅虎团队融入阿里巴巴团队之中。贺岁片《天下无贼》中黎叔有句名言："21 世纪什么最贵？人才！"这个道理，马云比任何人都明白。

2005 年 8 月 13 日，马云来到了位于北京的雅虎中国的办公地点。然而，迎接他的不是热烈的掌声和鲜花，而是一张张迷茫、沮丧、冷漠、愤怒的脸。被收购公司员工的命运会如何，大家都心知肚明。一朝天子一朝臣，这是千古不变的真理。

对于员工的这种情绪，马云非常能理解，毕竟，当自己的命运被别人掌控的时候，也是如此的不安和迷茫。

为了留住这些人才，马云推出了"N+1 计划"。其具体内容就是：一个月之内，如果雅虎中国的员工想要离开，阿里巴巴提供 N+1 个月的工资，作为离职补偿金，N 指的是员工在雅虎工作的年数。如果选择留下来继续工作，则原来的薪酬和职位不变，甚至还有可能提升，而且留下的员工都会获得阿里巴巴公司的股票期权。

总的来看，马云给雅虎中国员工的待遇非常不错，一般来说，在中国只有企业辞退员工的时候才会做出补偿，而员工自愿离开企业的时候往往不会获得补偿。而且马云给每个雅虎中国留下来的员工都许诺了股票期权，这让阿里巴巴的老员工都感到羡慕，因为不是所有的老员工都拥有公司的股票期权。

让马云倍感压力的还有那些猎头公司。互联网领域的高端人才本来就是猎头公司重点瞄准的目标。现在雅虎中国的动荡，让猎头公司闻到了浓浓的金钱味儿，他们怎么能错过这种"分享的盛宴"，于是，纷纷涌向了雅虎中国。马云为了不让猎头们得逞，几乎是天天蹲守在雅虎中国总部的办公室，加强与员工的沟通。

当一个月约定的期限到了之后，最终的结果让马云松了一口气。总共 700多名员工，只有 30 人左右离开了，其余的都加入了新的团队。只有 4% 的人才流失率，这相比正常情况下企业并购的 10%—20% 流失率好了很多。

在辞职离开的人员中有一个人比较特殊，他就是周鸿祎。周鸿祎 1998 年创办了 3721 公司，开创了中文上网服务之先河。2003 年，周鸿祎把 3721 公司以1.2 亿美元卖给了雅虎，并随后担任雅虎中国的 CEO，全面负责公司的战略制定与执行。这次阿里巴巴收购雅虎中国，周鸿祎没有留下，选择离开。一年之后，做了一段时间天使投资人的周鸿祎创办了奇虎 360，凭借免费杀毒软件创造了一家市值百亿美元的公司。

整合，并非想象得那么简单

收购雅虎中国之后，马云开始了阿里巴巴与雅虎的整合之旅。对于马云来说，这是第一次，而且面对的还是世界级大公司，其挑战难度可想而知。

马云当时想得很好，雅虎中国的经验、人才、业务都是宝贵的财富，能帮助阿里巴巴更上一个台阶。然而，事情并非想象得那么简单，马云遭遇了整合的困惑。

首先是业务整合并不顺利。雅虎有门户、搜索、邮箱以及 IM（雅虎通），当这些东西一下子全部摆在马云面前时，如何下手成了问题，也就是说到底应该先整合哪一个？

在 2005 年的时候，阿里巴巴已经有了自己的邮箱产品、战略搜索产品，还有自己的 IM 系统。这些都和雅虎中国的业务重复，需要有效地融合。那么阿里巴巴的这些"亲生子"和来自雅虎中国的这些"继子"究竟怎么进行整合，就变成了一个非常重要但很困难的问题。为此，马云付出了巨大的努力，但收效甚微。在很长时间里，雅虎团队和阿里巴巴团队之间的业务整合都没有完成，甚至可以说从来没有找到过一个聚焦点。

其次是团队融合困难。雅虎中国的国际化团队是马云很看重的一点。因为马云一直都很重视人才。但是由于文化、工作习惯、管理风格等差异，雅虎中国很难融入阿里巴巴。其实，早在阿里巴巴并购雅虎中国前就存在这种问题。2003 年雅虎收购了周鸿祎的"3721"，请周鸿祎去当雅虎中国的总裁，但周鸿祎非常不适应，一年多的时间，矛盾重重。后来，阿里巴巴收购了雅虎中国，矛盾就转移到阿里巴巴团队和周鸿祎团队之间。在上一节我们已经讲过，周鸿祎没有留下，在并购以后就离开了。但双方团队之间的矛盾并没有因为周鸿祎的离开而平息，甚至到了从内部转到公开的地步。由此可见，当时两个团队之间的磨合有多么困难。

最后是转型失败。雅虎中国的业务跟阿里巴巴的业务很难做整合，那怎么办呢？是否能独立发展雅虎中国的业务呢？为此，有段时间阿里巴巴派出了很多重要的高管，甚至有一次是派出了公司的"参谋长"，也就是整个阿里巴巴集团高管里面最具有理论水平的一个人——曾鸣（美国伊利诺斯大学博士，著名战略专家），去当雅虎中国的总裁，但这也不行。他主持了雅虎中国多次转型，先是定位于新闻门户，后来又专注于搜索，但都没有成功。

马云曾表示："收购雅虎中国，真正的原因是因为阿里巴巴看到，今后的电子商务绝对离不开搜索引擎，希望和雅虎的合作能给电子商务注入新的概念和活力。我们将创造真正的在全世界都是很伟大的公司。"改造雅虎中国的失败，很好地说明了有的战略收购只是"理论上"可行，电子商务确实是离不开搜索，但是不代表随便收购一家很牛的搜索技术公司，就能获得搜索的优势——收购整合并不是那么简单的 1+1=2。

虽然收购雅虎中国让马云的商业传奇达到了一个小高潮，但实际上却酿出了两大苦果：

第一，从此以后，马云在股权意义上失去了对阿里巴巴的控制，70% 的股权给了孙正义和雅虎。

第二，雅虎中国并没有为阿里巴巴带来多大助益，最后变成了"一个废人"，并成了阿里巴巴的累赘。

据业内人士分析，之所以杨致远愿意将雅虎中国卖给马云，多半是因为当时的马云很缺钱，传说中的 10 亿美元的"陪嫁"里，阿里巴巴真正能够动用的金额只有 2.5 亿美元。可见，马云手中可支配的资金，最多也只有一开始宣称的金额的四分之一。此外，阿里巴巴每年要向雅虎支付巨额的权利金，以获得雅虎的品牌和技术的使用权。有分析人士指出，这笔支出每年不会少于 5000 万美元。

后来，到了 2012 年的时候，马云想重新获得阿里巴巴在资本上的主导权——获得主导权以后它就可以整体上市。为了获得这个主导权，阿里巴巴和雅虎之间发生了一场非常大的争斗。最后阿里巴巴花了 76 亿美元才收回雅虎手上 20% 的股份——它当时让出去 40% 的股份，融到了 10 亿美元，现在花 76 亿美元，却只拿回了 20% 的股份。

第5章

马云完善"阿里帝国"版图

　　阿里巴巴 B2B 在香港上市使马云创业取得了阶段性的胜利，也达到了一个小高峰。从此，阿里巴巴进入了一个稳定快速发展期。虽然在 2008 年受到金融危机的影响，但手持巨额现金的马云在几年内仍然频频出手，完善"阿里帝国"：谋划国际市场，提出大淘宝战略，打造"双十一"购物节，布局阿里云，拆分支付宝，回购雅虎股份……

阿里巴巴的 B2B 在香港上市

在马云的阿里帝国形成过程中，阿里巴巴的 B2B 业务在香港成功上市是一座里程碑。它标志着阿里巴巴顺利度过了最艰难的"稚嫩期"，逐渐成熟起来，不再惧怕那些小风小浪了。

阿里巴巴的 B2B 业务在香港的正式上市时间是 2007 年 11 月 6 日，发行价 13.5 港元，开盘价 30 港元，收盘价位 39.5 港元。其融资额达 116 亿港元，超过谷歌，成为科技领域融资之最；市值超 200 亿美元，成为亚洲市值第二的互联网公司，紧逼雅虎日本；市盈率高达 300 倍，在当时已上市的科技公司中几乎无人能及；超额认购 258 倍，冻结资金高达 4500 亿港元，创下了香港股市的冻资最高纪录。

其实，早在 2006 年，马云就开始了阿里巴巴的 B2B 上市规划。当时，马云将阿里巴巴的旗下业务分拆为五个独立的子公司：阿里巴巴 B2B、淘宝网、支付宝、阿里软件、中国雅虎。这为 B2B 业务单独上市扫清了障碍。

一直到 2007 年 7 月 28 日，马云才在阿里巴巴举行的集团年会上，首次向员工确认阿里巴巴 B2B 即将启动香港联合交易所上市程序。

可以说，马云及其团队等待这一时刻已经很久了。8 年的艰苦努力终于有了令人欣慰的结果。阿里巴巴的 B2B 上市，给马云及其创业团队带来了巨大的财富，这是他们应得的回报。

在阿里巴巴的股权结构中，马云及其创业团队拥有 28.2% 的股份，而且，在阿里巴巴工作满 3 年的员工，都能够得到员工配股。

阿里巴巴的 B2B 上市之后，至少 1000 名阿里巴巴员工搭上了百万富翁的列车，300 名员工更是成了千万富翁。这刷新了中国互联网公司上市制造百万富翁数量的纪录。毫无疑问，每一个互联网公司上市都是一场造富运动。但阿里巴巴的 B2B 上市却是一场与众不同的造富运动：不造首富造群富，不追求个人巨富而追求员工共富。

其实，获利的不只马云创业团队和他的员工们，阿里巴巴另外两大股东雅虎和软银也是大赢家。资料显示，雅虎和软银两家公司控制的阿里巴巴股份超过了 70%，雅虎通过阿里巴巴上市可直接获利 36 亿美元。

同时，马云选择阿里巴巴的 B2B 上市时机也把握得很好。一方面，阿里巴巴虽然发展得不错，但也面临着很多问题：淘宝 C2C 模式还没有盈利，正在烧钱；收购的雅虎中国也在亏损。这时，如果能够上市融资，则是最好的选择。另一方面，全球资本市场形势大好，电子商务市场高速发展，此时，阿里巴巴的 B2B 上市则能大幅提高自身的市场估值。同时，阿里巴巴的 B2B 上市也完全符合其国际化的战略。

"阿里妈妈"：让天下没有难做的广告

"阿里妈妈"成立于 2007 年。它补上了中小企业商务生态链的一个缺口——释放阿里用户的广告需求。可以看到的是，无论 B2B 业务，还是 C2C 业务，都有着大量的潜在用户寻找合适的载体宣传和推广。

"阿里妈妈"提出的口号是"让天下没有难做的广告"。它和阿里巴巴的

B2B 系统类似，是一个广告位供需双方的沟通平台。各个网站把自己的广告位列出来，广告主来挑选，看到合适的就买下来。这里是把广告位作为一种商品来销售，明码标价，各取所需。

如果你拥有一个网站或者博客，并且有管理的权限，你就可以注册"阿里妈妈"出卖你的广告位。如果你是一位广告主，你也可以在"阿里妈妈"挑选适合自己的广告位，来投放广告。

"阿里妈妈"会记录并上传淘宝用户的搜索记录，并提供付费方的广告。

2007 年 8 月 10 日，"阿里妈妈"外部测试版正式上线，而上线仅百天，"阿里妈妈"网站就汇集了超过 14.9 万家中小网站和超过 13.5 万个的个人博客站点，超过 38 万个广告位，注册会员超过 100 万个，覆盖中小网站总流量每天超过 10 亿浏览量。

2008 年，马云提出了"大淘宝"战略，将"阿里妈妈"与淘宝合并。合并以后的"阿里妈妈"采用了淘宝联盟的品牌名，其重点转向以淘宝商家为主的联盟广告业务。

2013 年，马云重新启用"阿里妈妈"的品牌名，联盟平台将从以服务淘宝系商家为主，转向面向全网所有广告主开放的广告交易平台。淘宝联盟将不再作为平台名，而只是平台中的一个业务线。

重新启用的"阿里妈妈"，主要有三大业务：第一，以"淘宝客"按成交计费业务为主体的淘宝联盟；第二，以"橱窗"展示广告为主体的 TANX（淘宝广告网络与交流）平台；第三，新的移动广告联盟业务。

现在，"阿里妈妈"成了阿里巴巴旗下的大数据营销平台，主要利用阿里集团海量的核心数据赋能商家、品牌及合作伙伴，为他们提供服务。而且，"阿里妈妈"提出的口号，也由"让天下没有难做的广告"变成了"让天下没有难做的营销"。

打造"双十一"购物节

2009 年以前，11 月 11 日是一个非常普通的日子，然而随着时间的推移，它却成了一个标志性节点，一个销售传奇，一个网络卖家、平台供应商、物流企业的必争之地。《环球时报》曾经评论说："这个从'11·11'所谓'光棍节'衍生出来的'节日'是民间自封的，但它恐怕是中国近年来'最成功'的节日。它把中国最草根、最'土豪'的事物纠集在一起，创造出最高大上的互联网商业奇迹，在世界范围内振聋发聩。"

其实，淘宝商城（从淘宝网独立出来的 B2C 平台，后面有详细叙述）刚开始在 2009 年 11 月 11 日举办促销活动的时候，只是想做一个属于淘宝商城的节日，让大家能够记住淘宝商城，并没有想到会发展成一个举世狂欢的网购盛宴。当时选择 11 月 11 日，也是一个有点冒险的举动，因为此时，刚好处于传统零售业十一黄金周和圣诞促销季中间。但这时候的天气变化正是人们添置冬装的时节，于是想试一试，看网上的促销活动有没有可能成为一个对消费者有吸引力的窗口。结果一发不可收拾，"双十一"成了电商消费节的代名词。

当"双十一"的魅力逐渐展示出来以后，除了阿里系的天猫、淘宝，其他电商如京东、易迅、当当、国美网上商城、苏宁易购等都紧紧地抓住这个时间点，"大快朵颐"。

马云的商业头脑确实不简单，他先下手为强，抢注商标。从 2011 年到 2013 年，阿里巴巴集团先后注册了"双十一狂欢节""双十一网购狂欢节""双 11 狂欢节""双 11 网购狂欢节"等共计 11 个和"双十一"相关的商标。

预见未来：马云商传

2014 年 10 月末，阿里巴巴向媒体发出通告函，称阿里巴巴集团已经取得了"双十一"的注册商标（注册号码：10136470，10136420），经阿里巴巴集团授权，天猫就"双十一"商标享有专用权，并受法律保护，其他任何人的使用行为都是商标侵权行为。阿里巴巴要求媒体封杀京东的广告，因为京东的广告使用了"双十一"字眼。

随后，京东官方做出回应，称对同行抢注"双十一"商标并禁止他人使用表示遗憾。"双十一"已经成为全零售行业的节日，阿里注册"双十一"商标是垄断行为。

苏宁易购也加入了进来，发布了《关于双十一商标广告禁令的声明》。也许阿里巴巴并不想把事情弄大，随后发布声明："天猫发起的双十一是大家的双十一"。

围绕"双十一"，阿里巴巴和京东的竞争日趋激烈。2015 年 11 月 3 日，京东官方通过京东黑板报发布消息，宣布向国家市场监督管理总局实名举报阿里巴巴扰乱电商市场秩序。

京东声称，阿里巴巴要求商家"二选一"：如果参加天猫"双十一"主会场活动，就不能参加其他平台的"双十一"主会场活动。这些行为妨碍了正常的市场竞争，更严重损害消费者利益。

面对京东的指责，天猫官方予以否认，并发表言论：市场需要娱乐精神，但不能仅仅停留在娱乐精神上；市场难免有炒作，但不能总是停留在炒作上，更不能把碰瓷和炒茶当作事业。市场不相信眼泪，市场需要公开公正的阳光下的竞争，做企业需要直面现实的担当和勇气。我们尊重实名举报，但今天是鸡实名举报了鸭，说鸭垄断了湖面。

看来，围绕香饽饽"双十一"，电商双雄阿里巴巴和京东会继续竞争。但竞争归竞争，为了使"双十一"更加盛大，阿里巴巴还在 2015 年推出了"双十一晚会"，并由冯小刚执导，通过湖南卫视面向全球直播。晚会举行地设在了北京的"水立方"。

团购盛宴"聚划算"

聚划算是阿里巴巴旗下的团购网站，也是马云阿里帝国的重要版图。聚划算成立于 2010 年 9 月份，最初隶属于淘宝网，2011 年 11 月，从淘宝网旗下分拆出来成为阿里巴巴集团的一家独立子公司。当年，聚划算的成交额就达到了100 亿元，帮助广大网友节省超过了 110 亿元。

虽然面临美团、拉手等团购网站的激烈竞争，但依靠阿里巴巴的强大资源，让聚划算很快成了中国最大的团购网站。

聚划算的快速发展离不开一次次声势浩大的营销推广活动。最早的一次是奔驰 Smart 团购活动。

Smart 是奔驰汽车的经典品牌。为了提高这一品牌的知名度和销量，Smart决定与聚划算合作，通过团购的方式达到目的。团购车型为硬顶 Style 版，限量200 部。

奔驰 Smart 原价是 17.6 万元，只要团购意向人数达 50 人便可成团，价格为16.7 万元；达到 200 人满团要求时，便达到 13.5 万元的最低价，相当于原价的 7.7折。用户只需在团购中预交 999 元的定金，就算双方正式达成交易意向。

2010 年 9 月 9 日，团购奔驰刚一推出，就遭到疯抢，24 秒售出第一辆，6分钟售出 55 辆，37 分钟售出 99 辆，3 个半小时后 205 辆奔驰 Smart 就全部告罄，原定持续 21 天的活动提前结束。

要知道，奔驰 Smart 在中国 2009 年的全部销量才 500 多辆，而在聚划算仅仅 3 个半小时就卖出了半年的销量。

由于此次事件的影响，聚划算的访问人数急剧增加，很快就达到了上百万。

刚开始的时候，聚划算并没有沿用O2O的模式，而是优先将B2C、C2C的打折促销搬到团购中，消费者在团购后，与在线商户会达成良性互动，很容易去收藏淘宝和天猫中的在线商户，进行后续相关商品的购买。

从2013年开始，聚划算针对商家和消费者需求推出多个新型业务模式，这当中，包括定位于互联网山姆会员店的量贩团；以销定产的C2B聚定制；定位于奢侈品特卖的聚名品以及聚家装、生活汇、旅游团等。

量贩团主要针对的是单价较低的快消品，量贩团商品为定制化生产的网络专供款，采用的是小批量售卖模式，比线下的包装量更大，价格更低。品牌商与聚划算合作，直接面向消费者，省去了传统销售中的多层中间渠道环节，可大大降低运营成本。与此同时，品牌商又进一步将利润返回给消费者，实现双赢。更重要的是，购买一次量贩团商品可供长时间使用。

聚定制模式则是以C2B的方式，先根据用户的反馈，收集需求，再找到相应的供应商进行生产。

聚名品主要是汇集国际高端、知名品牌，实现聚划算团购的商业活动。

2013年4月份，阿里巴巴面向中国香港和中国台湾的聚划算海外（Juhuasuan Overseas）网站上线。当年聚划算的全部交易额达到了354亿元。

支付宝的股权转移风波

2011年6月，"支付宝事件"爆发。"支付宝事件"源起马云将支付宝的所有权转让给自己控股的另一家中国内资公司，而阿里巴巴集团的大股东雅虎表示马云并没有事先征得股东同意。支付宝对于阿里巴巴的重要性不言而喻，而马云居然在没有征得股东同意的情况下进行了股权转移，这必然会引起轩然大波。

于是，有些媒体在这次事件中评论马云是一个不守诚信、缺乏契约精神的人。"这个事情太过分了。马云要做一个'合乎中国监管政策'的公司，这个可以理解。如果为了遵守中国的法律而必须把股东的拥有权置换掉，那也不是不可以，但必须得到股东同意后才能做，一定要先谈妥补偿，做好股东利益分配再转嘛。"一家互联网公司的负责人表示，这是破坏游戏规则的做法，现在海外对这件事的评价糟透了，很多报道直接用"偷"来形容。

那么，这到底是怎么回事呢？以诚信立本的马云，怎么会惹了这么大的麻烦？

这得从阿里巴巴的股权结构和央行的规定说起。由于软银孙正义的两次注资，以及雅虎的股权置换，日本的软银和美国的雅虎成了阿里巴巴的两大股东。而中国法律规定，中国的金融机构必须是纯中资，不得有外资参与。而支付宝属于阿里巴巴的核心资产，不符合国家的规定，无法取得支付业务许可证（第三方支付牌照）。这就使得支付宝陷入困境，要么停业，要么转入纯中资公司。对马云来说只能选择第二种。

对此，孙正义和雅虎提出了自己的方案，他们都希望采用 VIE 模式。什么是 VIE 模式呢？通俗地讲就是采用"协议控制"方式来获取牌照，即注册内资公司获得牌照，再通过协议安排将内资公司的收益和管理都交予三方的合资公司。但马云认为这样做风险过高，因此拒绝了这一方案，并解释称"央行反复要求我们保证不存在外资成分和协议控制情况，我们必须遵守法律"。

面对马云的拒绝，孙正义当然非常恼怒，但又不好说什么，就采用不表态、回避的态度，他的意思很明显，你不按我的意思来，我就拖着你，给你施加压力；雅虎也一样，采用装傻充愣的态度，说马云没有告知他们，没有获得董事会通过就私自转移了支付宝股权。

对马云来说，压力全在他那里。眼看国家规定的最后期限就要到了，两个大股东却无法搞定。怎么办？马云还能怎么办，只有心一横，先斩后奏，先把支付宝的股权转移了，第一时间获得国家颁发的首批支付业务许可证再说。反正我已经在董事会上说了很多次了，你们不同意我也没有办法，总不能没有许可证，非法经营吧。

对此马云说得很明白："雅虎考虑的是雅虎股东的利益，软银考虑的是软银股东的利益。总要有人出来负起责任，将事情推进下去。""我虽然是做一个企业，但我的企业影响了几亿用户。为此，我们必须 100% 合法，100% 透明，确保公司能持续健康地发展。"

于是，2009 年 6 月，浙江阿里巴巴电子商务有限公司（纯中资公司，马云持股 80%，谢世煌持股 20%）以 1.67 亿向 Alipay E-commerce Corp.（阿里巴巴集团的子公司，是支付宝的全资股东）收购支付宝的 70% 股权。2010 年 8 月，浙江阿里巴巴电子商务有限公司又以 1.65 亿收购剩下的 30% 股权。

对于支付宝股权转移事件，巨人集团董事长史玉柱表示："支付宝涉及国家金融安全，法规不许外资持有，外资股东却迷信绕开中国法规，马云遵守契约精神提出依法转回国内获得牌照，给外资股东合理补偿。"

对此，云锋基金主席、聚众传媒创始人虞锋也说："国家要求金融机构，外资不得控股，支付宝这种新型金融工具在规定时间内发牌照，条件是中国人控股。孙正义要求名义上转回来，实质上外资仍控股，即 VIE 模式。面对几亿人的金融数据做实质外资控制，违背国家要求的做法，马云不敢。其结果要么支付宝没牌照不能再运营，要么先混到牌照，等有一天国家、全民发现一个涉及几亿人的金融数据、消费习惯、企业信息乃至相关的 CPI、PPI 等一系列事关国家经济、民生的基础数据库实乃外资控制时，必须撤回。"

确实，对于马云来说，阿里巴巴是他的"心肝宝贝"，是他花费了无数心血才养大的"孩子"，他怎么会给"孩子"埋下巨大的隐患。所以，转让支付宝的股份是他必须做出的选择。

当然，马云也做出了保证，"支付宝的脱离，绝对不会伤害到阿里集团的利益。"最终，2011 年 7 月 29 日晚，在进行了多个回合的谈判之后，阿里巴巴集团、雅虎和软银三方就支付宝股权转让事件正式签署了一份《框架协议》，明确了对雅虎和软银的各种补偿。

至此，支付宝股权转移事件才尘埃落定。

马云回购雅虎股份

马云为什么要回购雅虎股份呢？因为不回购雅虎股份，马云就会失去对阿里巴巴的掌控。

这还得从 2005 年的世纪大并购中说起。当时，阿里巴巴收购雅虎中国的全部资产，同时得到了雅虎 10 亿美元的投资，而雅虎则获得阿里巴巴集团 40% 的股权与 35% 的董事会投票权。同时，在协议中还有附带条款：2005—2010 年 9 月，阿里巴巴董事会由马云等高管 2 个席位、雅虎 1 个席位、软银 1 个席位组成；但 2010 年 10 月之后，雅虎将增加 1 个席位。这意味着，马云随时有可能失去阿里巴巴董事会的控制权。

对于马云而言，绝不甘心失去对阿里巴巴的掌控。于是他就想回购雅虎股份。从 2009 年开始，马云曾经多次往返美国，找雅虎商谈股份回购事宜，但都遭到拒绝。而且，当时的雅虎 CEO 卡萝尔·巴茨还在态度上对马云怠慢。

2009 年 3 月，卡萝尔·巴茨与马云第一次在雅虎总部见面，他当众毫不留情地对马云说："我想直截了当地说，这关系到我的声誉，我希望你能从中国雅虎网站上把雅虎的名字去掉。"这让马云很难堪，从而更是下定决心：不管付出多大代价，都要尽快回购雅虎持有的阿里巴巴的股份。

2011 年，马云启动了长征计划，专门进行回购雅虎股份的操作。将项目起名为"长征"，可见马云是预见到了这个过程的难度和复杂度。但对于马云而言，

预见未来：马云商传

"不管付出多长时间，多少努力，最终是一定要解决雅虎问题的"。

回购谈判在 2012 年的时候出现了转机。当年 1 月份，杨致远从雅虎辞职，同时也从阿里巴巴董事会离职，而杨致远一直是马云回购雅虎股份的拦路石。另一方面，雅虎一直在走下坡路，从一个伟大的互联网公司沦落为一个普通的公司，虽然频繁换帅，也无济于事。当时业内流传一个段子：苹果每隔一段时间就发布一部新款 iPhone；Facebook 每隔一段时间就发布一个新的页面；至于雅虎，它隔一段时间就发布一个新 CEO。日益衰落的雅虎使得股东们有了把亚洲资产卖个好价钱的想法。终于，雅虎答应了阿里巴巴的回购要求。

同时，为了顺利地完成长征计划，2011 年 9 月马云还启动了黎明计划：第一步，引入战略投资者，让银湖、DST 全球、淡马锡和云锋基金出资 20 亿美金认购了一批阿里巴巴管理层以及员工手中的股份。第二步，完成阿里巴巴的 B2B 私有化，从香港退市。第三步，引入国开行和中投等具有国资背景的重量级投资者。

经过马云大手笔的资本腾挪，以及艰苦的磋商谈判，2012 年 5 月 20 日，阿里巴巴与雅虎公司签署了股份回购协议。协议的第一阶段回购方案是阿里巴巴集团以 63 亿美元现金及价值 8 亿美元的阿里巴巴集团优先股，回购雅虎手中持有阿里巴巴集团股份的 50%，即 20% 的阿里巴巴集团股权。此外，阿里巴巴集团将一次性支付雅虎技术和知识产权许可费 5.5 亿美元现金。

2012 年 9 月 18 日，阿里巴巴宣布完成了第一阶段的回购计划。

此项交易完成后，软银和雅虎对阿里巴巴集团的股权之和下降至 50% 以下，马云及管理团队、雅虎和软银的股权将维持在 2：1：1 的比例。同时，也意味着雅虎将放弃委任第 2 名董事会成员的权利和一系列对阿里巴巴集团战略、经营决策相关的否决权，阿里巴巴管理层的实际控制权得到进一步强化，关键时刻阿里巴巴管理层的投票权将超过 50%。

"股份回购计划的完成意味着阿里巴巴集团进入了一个新的发展阶段。"马云终于可以松口气了，也可以自信地如此说了。

至于雅虎持有的剩余股份，阿里巴巴要想完成回购，根据回购协议则必须符合以下条件：2016 年之前，阿里巴巴集团必须整体上市，融资毛收入不低于 30 亿美元（2011 年阿里巴巴集团总营收仅为 28 亿美元），需要较回购雅虎股价溢价 110%，并且由雅虎选择其中一家 IPO 承销商，否则，雅虎可以自主出售剩余的阿里巴巴股权。

马云为何挥泪斩"卫哲"

在马云空降的高管中，卫哲是非常出色的一个。他原来担任百安居中国区总裁，2006 年 11 月正式加盟阿里巴巴，并出任阿里巴巴集团执行副总裁，兼阿里巴巴企业（B2B）电子商务总裁。

卫哲是与唐骏齐名的金牌经理人。他做百安居中国区总裁那年才 31 岁，是最年轻的 500 强中国区总裁。马云非常看好卫哲，并委以重任。然而，2011 年发生的"中国供应商"欺诈事件，导致卫哲离开了阿里巴巴。

2011 年 1 月中下旬的某一天，马云偶然看到某封邮件里有蹊跷。当时，几个阿里老同事在邮件里讨论吃什么，一名女员工在邮件里随口说了句："他妈的，我还在看一个案子，可能个别员工涉及欺诈问题。"马云觉得很好奇：什么案子会让一个女孩子说"他妈的"这种脏话？欺诈是怎么回事？

于是马云便找这位女员工聊了聊。通过谈话，马云觉得有问题，之后他立即找到 CEO 卫哲。事实上，卫哲和他的团队很早就知道阿里巴巴 B2B 平台上的商家存在欺诈问题，也一直在用常规方式调查、处理、防范，并有了一定的成效，而作弊商家的比例已从 1.1% 下降到了 0.8%。但是，卫哲并不清楚阿里巴巴员工与作弊商家的关联度有多高，是否有阿里巴巴的员工参与欺诈。当天晚上，马云把几个关键人物从外地叫回杭州开会。通过了解，马云觉得这个事情非常严重。于是，立即成立了一个小组来调查。

调查结果出来后，公司 COO 李旭晖先站出来说："我辞职。"卫哲紧接着也说："我负全责，我辞职。"

2011 年 2 月 21 日下午 4 点，香港股市休市，阿里巴巴召开董事会，半个小时后会议就结束了。董事会同意 CEO 卫哲、COO 李旭晖辞职，并让淘宝网 CEO 陆兆禧接替卫哲，兼任 B2B 公司 CEO 职务，还将刚升任人事资深副总裁的邓康明降级另用，支付宝 CEO 彭蕾兼任阿里巴巴集团 CPO（首席产品官）职务。5 点，阿里巴巴集团召开组织部大会，卫哲讲话、表态。前后仅仅一个小时就尘埃落定。

"我很喜欢卫哲，当发现这个事情时，我就开始难过，这件事情一旦确定是真的，真有这么多员工涉及这个事情，解决的方案只有一条，一定有人为此付出代价，而承担最大的代价一定是 CEO。否则阿里巴巴的价值观就是只针对员工，就是贴在墙上的（废纸）。"马云对此态度坚决。

以诚信为本的马云认为卫哲这次碰到了阿里巴巴的高压线。"这个一亮，谁都跑不掉的。当我发现公司内部的员工，对诚信问题的看法居然是可以睁一只眼闭一只眼的时候，那是大问题。"

虽然马云说得很在理，但还是有很多人认为这事并没有那么简单。他们觉得"中国供应商"欺诈事件只是导火索，其深层原因是双方合作不愉快，并牵扯到了空降高管与马云嫡系创业人员之间的矛盾。

曾任淘宝网副总裁的黄若，也是马云空降的高管之一，后来离开了阿里巴巴。她给马云打过比喻说："你现在是大家长，你面临两种人：一种是你的女儿，你从小看着她长大，怎么看都舒服，哪怕她长了痘。我们呢？是嫁到你们家的儿媳妇，战战兢兢地想讨大家长喜欢。但这个大家长看女儿和看儿媳妇永远是两种眼光的。所以，你这个大家长如果不能很好地解决这个问题，你会让这些儿媳妇们的日子很难过。这就是为什么淘宝也好、阿里也好，花了很多成本进了很多优秀的高管，但为什么都留不下的原因。"

据说当时马云无言以对。也许马云也明白其中的道理，但许多事情真的是很无奈。

对于卫哲而言，能和平地离开阿里巴巴，也是其当时最理智的选择。很多人认为，卫哲在阿里巴巴 4 年间也收获丰厚。他拥有 4800 万股阿里巴巴 B2B 上市公司的股份，并拿着业内少有的高薪。在 2009 年度香港上市企业（内资）的高管薪酬排行榜中，卫哲名列榜首，年薪超过了 5000 万元。

PART 4

B2C 天猫，一只改变世界市场的"猛虎"

淘宝是集贸市场，天猫是高档商城。为了杜绝假货，扩大规模，占领市场，找到新的业务增长点，马云涉足 B2C 市场，创办了天猫。天猫没有辜负马云的期望，疯狂增长，迅速成了阿里巴巴的一个"拳头品牌"。随着阿里巴巴的不断壮大，马云也逐渐退出对公司具体事务的管理，卸任 CEO，担任董事局主席，从战略角度为公司掌舵。同时，摆脱日常事务的缠绕后，马云快速补充了阿里巴巴的短板——物流，并成立了菜鸟网络。

第 1 章

B2C，引爆市场

从淘宝到淘宝商城，再到天猫，马云实现了 B2B 与 B2C 业务的华丽转身。天猫的发展很疯狂，其逐年暴增的销售额让人目瞪口呆，似乎它已经不再是"猫"，而可称之为"虎"了。

从"淘宝"出走的"天猫"

天猫的前身是淘宝商城，而淘宝商城是淘宝网的一个独立的业务单元。2008年4月，淘宝商城正式上线，从事B2C业务。这一年也被誉为国内B2C的元年。

淘宝商城诞生有其深刻的大背景：首先，当时国外B2C的代表Amazon（亚马逊）已经获得巨大成功，说明B2C模式大有前途。其次，随着人民币升值的压力和宏观经济短期内不确定的增加，大量的中小型企业面临着生产成本和销售成本双向增加的压力，B2C这种模式为中小型产业集群提供了在严峻经济形势下的一种新的生存可能。最后，经过淘宝网5年的培育，国内网购的基础设施与环境已经成熟，诚信体系及以支付宝为代表的网络支付体系搭建完毕。

淘宝商城虽然应运而生，但是它的开局并不理想，很多企业商家都在观望。后来，李宁官方旗舰店进驻淘宝商城，没想到，该店很快成为其所有店面的销售冠军。

2009年4月，日本优衣库进驻淘宝商城，半年后的11月，优衣库官方旗舰店月销售额突破1千万元，优衣库这个日本休闲服装品牌在中国苦苦经营了9年后，终于一举在淘宝商城打开了中国市场的局面。

2009年7月，进驻淘宝商城的联想官方旗舰店，单月交易额破1千万。

2009年10月，杰克琼斯进驻淘宝商城。

......

随着时间的推移，淘宝商城 B2C 平台高效低成本通路和直接抵达消费者的模式，开始被传统品牌所认识。也就是从 2009 年起，越来越多的传统品牌开始进驻淘宝商城。

2010 年 11 月 1 日，淘宝商城宣布启用独立域名 www.tmall.com。从那时起，淘宝商城开始了脱离淘宝网独立运营的步伐。

10 天以后，也就是 2010 年"双十一"，淘宝商城联合 150 个品牌推出的大型促销活动，吸引了 2100 万人的疯抢，单日交易额达到 9.36 亿元。而当年十一黄金周，全北京包括王府井百货、西单商城等在内的 128 家商业企业，其销售总额才 7.3 亿元。如此一来，淘宝商城的名声大振。

2011 年 6 月份，淘宝商城正式独立运营。此时，淘宝商城已经是国内最大的 B2C 平台，占据国内超过 50% 的 B2C 市场份额。

2011 年 10 月，淘宝商城发布商家管理体系升级，提高准入门槛。此举引发了"十月围城"事件。该事件在下一节有详细叙述。

到 2011 年底，淘宝商城已经汇聚了 7 万多品牌和 5 万商家，其全年成交额达到 1000 亿。

2012 年 1 月 11 日，淘宝商城宣布改名为"天猫"。

关于"天猫"这个名字，还有一段故事。为了把淘宝商城和淘宝网区分开，马云早就想给淘宝商城改名字了。他把这个任务交给了时任阿里巴巴首席市场官的王帅。王帅想了很多名字，但都不是很好。有一天，马云打电话给王帅，说他想到了一个名字——"天猫"。王帅觉得这个名字很怪异，但马云似乎很兴奋，就给其他同事和朋友打电话征求意见。结果其他人都说这个名字不好听，这让马云更高兴了，他认为大家都说这个名字难听，正说明了"天猫"的独特性，容易让人们记住。最终，淘宝商城改名为"天猫"。

"天猫"是阿里巴巴集团战略版图中非常重要的一块，其最终目标是成为全球最大的 B2C 平台。

"十月围城"事件

对于马云而言，2011 年 10 月 11 日是一个刻骨铭心的日子。因为这一天发生了淘宝商城的"十月围城"事件。

当时，支付宝股权转移风波才刚刚平息，被质疑缺乏诚信的马云，又被淘宝商城的中小签约商家视为"恃强凌弱""过河拆桥"之人。对马云而言，这真是雪上加霜。

"十月围城"事件的导火索是淘宝商城 2011 年 10 月 10 日颁布的《2012 年度淘宝商城商家招商续签及规则调整公告》。该公告的核心内容是将技术服务年费从以往的 6000 元提高至 3 万元和 6 万元两个档次，涨幅为 5 倍到 10 倍。同时，商铺的违约保证金数额全线提高，由以往的 1 万元涨至 5 万元、10 万元、15 万元不等，最高涨幅高达 150%。

而且公告还指出，续签时间为 2011 年 10 月 17 日至 2011 年 12 月 20 日 18 时止，且续签商家 2012 年度技术服务年费的缴纳和保证金的冻结必须在 2011 年 12 月 26 日之前一次性完成。年内不能缴费签订新一年合同的卖家，将被清退出商城。

淘宝商城的新规对那些大的品牌签约商家影响不大，多拿出十几万元的费用没有多大的压力。但对于本来就资金非常紧张的中小签约商家来说，压力可想而知。于是，大量的抱怨、诉苦、愤怒充斥着网络论坛——他们向家里或者朋友借钱，好不容易把店开了起来，资金也都投入了，现在淘宝说涨价就涨价，实在让他们不知道如何是好。有些人甚至都说为了在淘宝商城开店借了高利贷。

随着这些抱怨、诉苦、愤怒在网络上发酵，一个"反淘宝联盟"迅速成立。

刚开始，这个联盟只有几千人，后来最多的时候达到了 5.5 万人。他们为了让淘宝商城让步，开始大肆捣乱，围攻那些入驻淘宝商城的大商家。

10 月 11 日晚上，韩都衣舍、欧莎、七格格、优衣库……这些淘宝商城年销售过亿的大商家的店铺里突然涌进了难以计数的"顾客"。这些"顾客"几乎拍下了每件货品，当商家们正犹豫着要不要发货时，却发现那些刚刚付款的顾客已经在"申请退款"。根据淘宝商城的规则，用户 7 天内可以无理由退款，如果商家拒绝则会被淘宝商城扣分处罚。这明显是有人在捣乱，利用这种方式增加商家的退货率。

同时，还出现了另一种情况，顾客先选择货到付款，等卖家发货后，马上点击"确认收货"，然后给出 0 分到 1 分的差评，拉低信用。如果货送到后，则直接拒收。

根据统计，以韩都衣舍为首的几家网店大商户，短短一个晚上的"退货数"全部破万，而在此前，它们一个月的退款申请最多也不过百来起。

面对这种混乱的情况，10 月 12 日，马云在其微博发文表示"我们相信自己的决定，我们做了最该做的事"。而淘宝商城总裁张勇则表示，一些刚开始创业的商家，如果不打算与商城续签，或达不到商城续签的标准，可以"一键转淘宝集市"，"那里会成为免费的创业者乐园"。同时，张勇还表示要对那些恶意攻击其他商家的人进行追究。

10 月 13 日，虽然淘宝商城采取了一定的措施，但"反淘宝联盟"的捣乱行动还在继续，相继又有一些大的商家遭到了恶意购买。而且，这种恶意捣乱的行为逐渐波及了"直通车"和"聚划算"。甚至还有淘宝客服人员遭到了人身安全威胁。

遭受巨大压力的马云再次在其微博上发文："看着家人的眼泪，听见同事们疲惫委屈的声音，心碎了，真累了，真想放弃。心里无数次责问自己：我们为了什么？凭啥去承担如此的责任？"

10 月 15 日，"反淘宝联盟"与淘宝商城还在对峙。这天晚间，国家商务部

预见未来：马云商传

终于发布公告，首次表明态度。商务部电子商务和信息化司负责人称，已要求有关方面从稳定物价和支持小微企业的高度，妥善处理并及时报告情况。同时希望淘宝商城充分听取各方意见，采取积极行动回应相关商户，特别是中小商户的合理要求。最后强调，相关企业和个人必须遵循合法途径表达诉求。

商务部的介入，使得双方的对峙缓和了下来。"反淘宝联盟"成员本来就是网络上自发组织起来，彼此并不认识，信任度很低，而且经过将近一周时间的折腾，效果并不明显，他们已经有些泄气。于是，"反淘宝联盟"10月16日暂停攻击一天，等待淘宝商城的回应。

10月17日，马云和淘宝商城做出了让步。他们推出了新的政策：

第一，对于新规发布后入驻的淘宝商城卖家，新的年费标准仍将在明年1月1日起执行；对于规定发布前已经入驻的商城卖家，明年年费将推迟至明年10月执行，即到明年9月30日为止，商家仍然按照原规则缴纳年费，费用按月份折算，明年10月新规执行后，年费金额和返还条件也按月份折算。

第二，淘宝商城的商家在2012年年内，可以按照新规则的一半缴纳保证金。至于保证金的另一半，阿里巴巴集团将拿出10亿元作为消费者的保证基金。保证金由浙江省工商局监管，由中国银行进行资金管理。

第三，阿里巴巴集团将出资5亿元作为现金担保，为符合条件的小商家向银行和第三方金融机构的贷款提供担保支持。

第四，阿里巴巴集团还承诺将在原有预算的基础上，对淘宝商城增加3亿元投入，用于市场推广和技术服务平台的改善，加大对商城商户的支持。

随着马云和淘宝商城的妥协，激烈的对抗终于结束。

"十月围城"事件渐渐平息之后，中小卖家的攻击行为受到了人们的广泛质疑。对于中小卖家受到的伤害以及表达自身诉求的初衷，人们表示同情和支持，但对其利用淘宝商城"无理由退货、货到付款"等规则，对大品牌店铺开展恶意攻击的行为，则提出了诸多批评。甚至有人认为，这种行为属于"网络暴力"，触犯了法律。

对于马云和淘宝商城而言，虽然最后选择了妥协，而且马云甚至哀叹"真想放弃"，但实际上却受益良多。颁布新规将淘宝商城中的中小卖家分流到淘宝网（集市），留下有实力的大卖家。如果能够做到监管到位，那么淘宝商城的信誉将会大幅提升。而此次淘宝商城对危机的快速反应，对着重培养的大卖家进行技术支持加以保护，无疑让双方更加互信，让大卖家同淘宝商城的关系更加密切。虽然流失了一部分中小卖家，但存留下来的大卖家、大品牌才是淘宝商城流量的保证。

其实，从另一个角度来看，"十月围城"事件无疑是一个效果极佳的广告。它在大声地告诉消费者，淘宝商城不再是以前鱼龙混杂的淘宝商城，而是高品质的淘宝商城。这也为淘宝商城蜕变为"天猫"打好了基础。

连创纪录的疯狂"猫"

"天猫"的疯狂让人们目瞪口呆。其销售额连年大幅增长，特别是每年的"双十一"，其表现更为突出：

2009 年，淘宝商城"双十一"的全天交易总额为 0.5 亿元。

2010 年，淘宝商城"双十一"的全天交易总额为 9.36 亿元。

2011 年，淘宝商城"双十一"的全天交易总额为 33.6 亿元。

2012 年，天猫"双十一"的全天交易总额为 132 亿元。

2013 年，天猫"双十一"的全天交易总额为 352 亿元。

2014 年，天猫"双十一"的全天交易总额为 571 亿元。

2015 年，天猫"双十一"的全天交易总额为 912.17 亿元。

2016 年，天猫"双十一"的全天交易总额为 1207 亿元。

2017 年，天猫"双十一"的全天交易总额为 1682 亿元。

在"双十一"的带动下，天猫的发展突飞猛进。2012 年总成交额突破 2000 亿元，2013 年总成交额达到了 4410 亿元，2014 年总成交额为 5050 亿元。尤为引人瞩目的是，在 2014 年第一季度，天猫总成交额达到了 1350 亿元，较上年同期相比增长了 91%。在远高于其他 B2C 电商的基数上，还保持了领先行业的增长率。

但即使如此，天猫的发展并没有让马云非常满意。面对京东商城和唯品会的强力竞争，马云感到了巨大的压力。2015 年 3 月份，阿里巴巴对旗下零售平台进行调整，把淘宝、天猫、聚划算整合在一起统一管理，由淘宝总裁张建锋担任整合后的"中国零售平台"负责人。

马云对整合后的中国零售平台寄予厚望，他在内部信中表示，未来 5 年，阿里将成为世界上第一个平台销售过 1 万亿美元的公司。

现在，随着跨境电商的快速发展，马云的目标正在逐渐接近，而天猫也许会真的变成了一只"吞天之猫"，成为全球电商霸主。

对假货的"零容忍"策略

"假货"是马云最为重视的问题之一，也是任何一个电商都无法回避和头痛的问题。淘宝因为假货问题而备受诟病，现在，天猫也有这种现象出现，为什么杜绝假货就这么难呢？

其实，天猫只是一个 B2C 平台，为各商家提供一个售卖商品的平台。由于不是自营，所以每个商家进驻平台以后具体卖什么，天猫只能审查、监督和约束，而不能做决定。因为进货、发货的环节掌握在签约商家手里，这样一来，总有个别商家会在利润的驱使下，售卖假货。而且有些高仿产品，消费者很难发觉，这就助长了售卖假货的行为。

对于天猫而言，只能通过"零容忍"策略来千方百计地杜绝假货。既然无法控制商家的进货、发货等环节，那就大大地提高违规成本，从而尽最大可能地保证正品。当然，这种方法的约束力也有一定的局限性。它不能像驾照管理一样，如果出现醉驾、肇事逃逸等行为除过罚款，还要吊销驾照，禁止驾驶，同时还会被拘留或拘役。但对于商家而言，不让在天猫上卖商品，它还会选择其他的电商合作。

通常情况下，天猫采用以下措施来杜绝假货。

一是审查。对于进驻的商家，天猫采取了严格的审核制度，包括对商家企业主体资格、行业资质、品牌及品牌授权资质、服务能力等进行系列审核，确保商家能在天猫平台为消费者提供优质的商品和服务。

有些中介机构号称可以帮助商家通过天猫的审核，这些都是骗人的，绝不能相信，因为天猫从未授权和没认可过任何所谓的中介机构。

另外，天猫不支持也不认可商家间自行进行店铺转让。每个天猫商家店铺与其对应企业及企业银行账户是绑定的，私下的店铺无法更改其绑定的银行账号，因此经营收入将无法进入购买店铺企业账户，最终结果很可能是人财两空。

二是监督和约束。天猫建立了一套系统巡查、人工排查及与全球上千品牌商协同打击假货的体系。同时还通过保证金制度、对消费者假一赔五制度等措施，增大商家的违规成本和消费者保障力度，规范商家的经营行为。

天猫如果发现商家出售哪怕一件假货，该商家都将面临被清退、扣除全额保证金、永不合作的处罚。

第 2 章

阿里巴巴组织结构大拆分

　　马云通过对阿里巴巴组织机构的大幅调整，增加了扁平化，激发了员工的工作热情，提高了组织的灵活性和竞争能力，使得公司更加健康、更加适应社会的经济发展。这也是马云为自己卸任公司 CEO 铺路。

为什么要拆分阿里巴巴

对于阿里巴巴的拆分，马云是经过深思熟虑的。这种拆分对于一个公司来说具有很大的风险，如果操作不当，通常会造成巨大的动荡，严重影响公司的发展，甚至导致公司分崩离析。

虽然冒了一定的风险，但马云不得不做这件事。因为随着阿里巴巴的发展壮大，大企业病已经逐渐凸显出来。在整个阿里巴巴集团，以一种严谨的等级将成员分成 P 级和 M 级。P 级对应的是技术岗位，总共有 14 级，M 级对应的是管理岗位，总共有 10 级。如此多的层级，难免会出现各种问题。

总体而言，马云通过拆分达到了以下几个目的：

第一，自我激励，增强活力，提高竞争力。对此，马云表示："把大公司拆成小公司运营，我们给市场、给竞争者更多挑战我们的机会，同样是给我们自己机会。"

第二，拆分后，团队规模更小，更容易交流，也更聚焦于核心产品和业务。

第三，如果拆分业务能够独立上市，也能给业务骨干带来更大的物质利益。这更利于调动员工的工作积极性，增强团队的凝聚力。

第四，打破"藩篱"，破除僵化，给更多的年轻人成长和脱颖而出的机会。不管那一次的组织变革，都是人员新老交替的最佳时机，也是职场黑马展现自身能力的节点。

在阿里巴巴，与拆分紧密联系的就是轮岗。轮岗是吸引人才，杜绝贪腐，防止拉帮结派、滋生派系的有效方法。像 IBM、华为、联想等企业在公司内部也实施轮岗制度，但阿里巴巴集团的轮岗范围和力度之大，在国内科技公司中属于罕见，尤其是部门拆分导致的轮岗。

干部轮岗一方面能防止公司内部派系丛生，另一方面利于合理分配资源，同时还利于调动干部的潜力和培养多种能力，提高适应能力和创新能力。像陆兆禧、彭蕾都是轮岗最多的老员工，也是"十八罗汉"中除马云之外成就最高的两个人。

一拆三，三拆七，七拆二十五

马云对阿里巴巴的拆分主要有三次，具体就是一拆三，三拆七，七拆二十五。

第一次是对淘宝的拆分。2011 年 6 月，马云宣布将淘宝拆分为一淘网、淘宝网和淘宝商城三家公司。当马云把这个消息公布以后，"小伙伴们都惊呆了"。因为当时马云正陷入支付宝股权转移的风波中，正在面对人们的质疑、媒体的狂轰乱炸以及大股东软银和雅虎的诘难。

没想到，就在马云刚开完支付宝股权转移问题媒体沟通会的第二天，就突然宣布了对淘宝的拆分。

马云的胆子确实够大，承受压力的能力确实够强。当时，淘宝已经是中国最成功的互联网公司。对这样一个公司下手，没有足够的胆量和勇气是不行的。

拆分后的淘宝网，还是沿袭原来淘宝的 C2C 业务；一淘网主要是搜索业务，将阿里巴巴系的业务延伸到一站式购物搜索引擎领域；淘宝商城则专注于平台型的 B2C 业务。淘宝商城在 CEO 张勇的带领下，迅速汇集了一大批优质的旗舰店，为天猫打好了基础。

调整之后的阿里巴巴电商体系更加明晰，也更有利于集团总公司的资源调配、彼此协调。从此，马云把"大淘宝战略"上升到了"大阿里巴巴战略"。

第二次是成立七大事业群，阿里巴巴的组织体系由"三"变成了"七"。

2012 年 7 月，马云将聚划算从淘宝中拆分出来，专注于团购业务；同时，将 B2B 业务划分为阿里国际业务和阿里小企业业务两大板块。这样，阿里巴巴集团的体系变为淘宝网、一淘网、天猫、聚划算、阿里国际业务、阿里小企业业务和阿里云七大事业群。这七大事业群的总裁分别为姜鹏、吴泳铭、张勇、张宇、吴敏芝、叶朋和王坚，他们直接向马云汇报工作。

对于这次的大拆分，马云给出了这样的解释：是为了在今天和未来的严峻经济形势下，完善自我，全面提升集团对小企业和消费者的服务能力，帮助小企业渡过生存和成长难关，同时让更多的消费者受益于互联网时代的丰富生活。最终促成一个开放、协同、繁荣的电子商务生态系统。

第三次是七拆二十五。马云把阿里巴巴集团由七个事业群拆分为了二十五个事业部。

2013 年 1 月，也就是七个事业群体系建立半年后，马云又在杭州宣布将阿里巴巴集团拆分为二十五个事业部。同时成立了战略决策委员会和战略管理执行委员会，前者由董事局负责，后者由 CEO 负责。

这二十五个事业部及其负责人分别为：

姜鹏：共享业务事业部、商家业务事业部、阿里妈妈事业部（展示广告、P4P、淘客联盟）、一淘及搜索事业部。

张勇：天猫事业部、物流事业部（天网）、良无限事业部、航旅事业部。

张宇：类目运营事业部、数字业务事业部、综合业务事业部、消费者门户事业部、互动业务事业部。

　　吴泳铭：无线事业部、旺旺与客户端事业部、音乐事业部。

　　张建锋：聚划算事业部、本地生活事业部。

　　陆兆禧：数据平台事业部、信息平台事业部、云 OS 事业部。

　　叶朋：B2B 中国事业部（CBU）。

　　吴敏芝：B2B 国际事业部、B2C 国际事业部。

　　王坚：阿里云事业部。

　　战略决策委员会的成员有包括马云在内的集团首席财务官蔡崇信、首席营销官王帅、首席风险官邵晓峰、首席人力资源官彭蕾、首席数据官陆兆禧、首席战略官曾鸣。

　　这次拆分之后，阿里巴巴集团的组织结构更加扁平化。这使得公司的整体效率大幅提高，应变能力和创新能力增强，同时也更有利于人才的成长和管理费用的节约。

　　"变化是痛苦的，没有一次变化会顺利发生。"马云说，"我们必须变化，我们必须变化在变化之前。"确实，马云是一个走在变化前面的战略眼光远大的领导者，正是他及时做出的改变和调整，成就了今天的阿里巴巴。

马云退休，退而不休

　　2013 年 1 月 15 日，马云宣布，他将于 2013 年 5 月 10 日起卸任集团 CEO 一职，此后，只担任集团董事局主席，主要负责战略决策等非执行性工作。

　　刚完成集团公司的大拆分之后，马云就宣布要"退休"，这让人们感到万分惊讶，谁也没有想到，马云会不再担任集团 CEO。其实，对集团公司的大拆分也是马云对自己卸任的一次非常重要的铺垫，因为"当业务越来越细的时候，每个人犯错误造成的后果也会越来越小"。

每年的 5 月 10 日是"阿里日"，而 2013 年的这一天也是淘宝 10 周年纪念日，阿里巴巴在杭州黄龙体育场举行了盛大的庆祝晚会。在这个特殊的日子里，马云穿着七分裤，戴着大镜框眼镜和黑色小礼帽出席晚会，开始了他的"退休"表演。他先唱了首《我爱你，中国》，随后又唱了首《朋友》。虽然他唱得并没有说得好，但表达的心情大家都能感受到。

在晚会上，马云发表了"退休"演讲。在演讲中，他谈得最多的是感谢，是对社会的责任，是对年轻人的期待。

他说："做公司，到这个规模，小小的自尊，让我很骄傲，但是对社会的贡献，我们这个公司才刚刚开始，所有的阿里人，都很兴奋，很勤奋，很努力，但我们很平凡，认真生活，快乐工作。我们今天得到的远远超过了我们的付出，这个社会在这个世纪希望这家公司走远走久，那么机会就是去解决社会的问题，今天，社会上有那么多问题，这些问题就是在座各位的机会。如果没有问题，就不需要在座的各位。"

其实，马云卸下了 CEO 的重担，但并不是说他就不管阿里巴巴了，而是从具体的事务中脱身而出，有更多的时间和精力从更高层面去把控阿里巴巴的发展。对于马云，无论是否担任阿里巴巴的 CEO，都无法改变这一事实：他仍是公司的灵魂，仍执掌公司大局，负责战略决策。

对于辞去 CEO，马云在一次公司高层的培训课上表示："现在是我各方面状态最好的时候，所以是安排接班人的时候，这是规律。最强壮的时候就是该生孩子的时候……七八十岁还每天开早会的 CEO 绝不是我的偶像，那是公司的悲哀。48 岁以前，工作是我的生活，48 岁以后，生活是我的工作……以后你们没事可以来找我聊聊，有事请找 CEO……"

马云认为，应该更多地给年轻人机会。他也在多个场合表达了对年轻人的欣赏。"我佩服今天的年轻人。对于互联网行业来说，48 岁的我不再'年轻'，阿里巴巴的下一代比我们更有优势运营好互联网的生态系统。"

预见未来：马云商传

马云确实累了。在过去的两年内，他经历了支付宝股权转移风波、"十月围城"事件、卫哲辞职事件，这都让他身心疲惫。此外，马云也面临着家庭方面的一些压力。他表示："还有一些家里的事情，当然，传言说要闹离婚了，都是胡扯。""这一年，自己的身体不好，还有家人，花了很多时间。这个我不方便透露，我也不想透露。我花了很多时间去陪家人。"

马云谈了那么多的"退休"理由，但人们还是有一些疑问。要知道，阿里巴巴 2014 年 9 月在美国完成了上市，他完全可以选择阿里巴巴上市之后再"退休"，这才是功成身退，但他没有，而是提前退了下来。"一般来看，总要等到上市，换班才是顺理成章的事。在阿里巴巴的 B2B 退市、公司架构大调整后，这时选择卸任 CEO，其中应该有一些我们不知道的因素。一个正常的公司，应该在最顺利的时候换班，而阿里处于上升期、发展期，现在换班早了些。"这是人们的疑问。但到底为什么选择这个时候"退休"，也只有马云自己知道。

第 3 章

菜鸟物流：东西很好，物流也要很好

物流一直是阿里巴巴的短板。不像京东那样自建物流，阿里巴巴一直通过投资合作的方式解决物流问题。这种自己无法掌控的方式，使得阿里巴巴的物流问题很突出。为此，马云牵头组建了菜鸟网络。

小"菜鸟"，大物流

2013 年 5 月 28 日，由阿里巴巴集团牵头，银泰集团、复星集团、富春集团、顺丰集团、三通一达（申通、圆通、中通、韵达）参与，共同打造的"中国智能骨干网"（简称 CSN）物流体系正式启动。合作各方共同出资组建"菜鸟网络科技有限公司"。公司注册资金 50 亿元。其中，阿里巴巴集团通过天猫出资 21.5 亿元，占股 43%；浙江银泰集团通过"北京国俊投资"，投资 16 亿元，占股 32%；富春集团则通过"富春物流"投资 5 亿元，占股 10%；上海复星集团则通过"上海星泓投资有限公司"，投资 5 亿元，占股 10%。顺丰、圆通、中通、韵达、申通各出资 5000 万元，各占股 1%。

马云担任菜鸟网络科技有限公司的董事长，银泰集团董事长兼总裁沈国军则担任公司 CEO。

在项目启动仪式上，马云发表演讲，表达了"货达天下、货运天下"的美好理想，并说明了公司名字为什么叫"菜鸟"。

"为什么取菜鸟的名字？我刚刚做互联网的时候，很多人说我是一只菜鸟，但是正因为我们这批菜鸟，马化腾、李彦宏等，所有这些菜鸟今天变成不一样的鸟，今天的 700 万淘宝卖家，中国无数小的卖家，所有在网上做电子商务的都是菜鸟，只有菜鸟才能飞向千家万户。笨鸟先飞，飞了半天还是笨鸟，而菜鸟还有机会变成好鸟。我们取这个名字，就是不断提醒自己我们要对社会有敬畏之心，对未来有敬畏之心，我们希望自己成为一只勤奋、努力、不断学习、对未来有敬畏、对昨天有感恩的鸟。"

这只小"菜鸟"具有大雄心。项目分三期，总共投资 3000 亿元，并通过 5 至 8 年的努力，打造一个开放的社会化物流大平台。通过这个平台，货物在全国任意一个地区都可以做到 24 小时送达。

"菜鸟"将建 8 个大仓储节点。公司 CEO 沈国军表示："包括中西部地区在内，我们会在全国八个重要城市，按照'八大军区'的布局去建立主干网络。"

马云对"菜鸟"寄予厚望。他表示：智能骨干网成熟运作之后，我国占 GDP 总值 18% 的物流费用，将降至欧美发达国家的 12% 左右，国家经济效益将得到整体提升。

2016 年 3 月，"菜鸟"完成了首轮融资，融资额超过百亿元，估值近 500 亿元人民币。获得资金支持的"菜鸟"加快了发展的步伐，马云的"大物流"梦想更接近于现实。

马云为什么要打造"菜鸟"

物流一直困扰着阿里巴巴，也是马云时刻想彻底解决的问题。2012 年阿里巴巴集团总销售额过万亿元之后，公司的短板就更加明显：这个中国最大、最成功的电商，却拥有最脆弱的脚踝，现有的物流体系无法持续给其电商王国"供电"，这像极了希腊英雄阿喀琉斯。他武艺高强，刀枪不入，但却死在脚踵上。

相比较其最为强劲的竞争对手京东商城，阿里巴巴的短板则显得更短了。京东商城在刘强东的带领下，早就花费巨资自建了物流系统——"亚洲一号"

项目，而且进展顺利，效果明显。京东自建的物流系统已经成了其核心竞争力之一。

现在，电商竞争的关键点就是用户体验。很多人提到京东，会首先反应送货快。而在这方面，阿里巴巴的用户体验一直不佳。因为阿里巴巴一直打造的是一个平台，上面有万千商家，阿里没办法自己建设物流，也不能要求商家必须用哪家物流，因为这是与平台理念不符的。我们知道淘宝上有十大快递公司，即 EMS、顺丰、"四通一达"、全峰、宅急送、天天。这 10 家快递公司当中，选用 EMS 和顺丰的人比较少，因为价格太贵，而其他快递公司的服务质量根本无法与京东商城自建的物流相比，投诉率居高不下。我们只要打开任何一个快递公司的官方微博，就会发现骂声一片，这已经严重影响了阿里巴巴的用户体验。阿里巴巴目前在电商中绝对领先，要想在 10 年后继续保持霸主地位，那改善物流则成为重中之重。但到底如何去改善呢？马云说这一问题他想了 5 年。

其实，马云早就在物流上不断探索和试错。阿里巴巴最早涉足物流的尝试方式是投资，它先投资了星晨急便和百世物流，但效果并不好。其中星晨急便于 2012 年 3 月份倒闭，阿里亦蒙受不少损失。第二种方式则是通过结盟，如 2011 年，淘宝宣布结盟第三方服务商；2012 年 5 月，天猫宣布与包括邮政在内的九大物流商结盟等。但这都没有彻底解决阿里巴巴的短板。

"菜鸟"是马云深思熟虑之后的选择。他想通过"菜鸟"来弥补自身的短板，突破制约阿里巴巴发展的瓶颈。

"菜鸟"的"圈地"运动

马云一再强调阿里巴巴不会自己做物流。他在 CSN 项目成立仪式上曾经表示："我们不会抢快递公司的生意，阿里巴巴永远不会做快递，因为我们没有这个能力，我们相信中国有很多快递公司做快递可以做得比我们好。"既然阿里巴巴不做物流，那么"菜鸟"到底会做什么呢？

在这里，马云沿用了阿里巴巴一直做平台的思路。这和自营思路不同，就像阿里巴巴做电子商务，但阿里巴巴不会去做一家自营电商同淘宝和天猫上的其他商家竞争，它只是提供一个供大家（快递公司）使用的平台。

按照这种平台思路，马云建立"菜鸟"物流的操作模式就逐渐清晰了。通常而言，物流行业有 3 个重要节点：快递、干线物流和仓储体系。快递提供的是到用户家门口最后 1 公里的服务，而马云想解决的则是后两个节点。也就是说，"菜鸟"其实要做干线物流和中转仓。它要在全国各地建立仓储中心，从而形成仓储网络，然后向各类网商和快递物流公司等开放，成为仓储服务提供商。

要建立仓储中心，就要大量的土地，于是"菜鸟"先后在北京、天津、上海、广州、杭州、武汉、郑州、重庆、成都等 15 个城市布点仓储中心。除了新建仓储中心外，"菜鸟"还以开放的姿态，以多种方式与各种合作伙伴合作，让闲置仓都运转起来，并将资源开放给全社会使用。

同时，马云还把眼光投向了国际市场，着手打造"国际版菜鸟"网络。除了在国内频频"圈地"，"菜鸟"在国际市场也不断出手。2014 年，阿里巴巴与巴西邮政签署合作备忘录，双方在中国与巴西之间的国际贸易达成战略合作。在此之前，阿里巴巴曾与澳洲邮政达成合作，并以投资 2.49 亿美元的代价获得新加坡邮政 10.35% 的股份。

当时，"菜鸟"的大肆圈地还引起了各方的质疑。商务部电子商务司副巡视员聂林海指出，"菜鸟"正在偏离物流第四方智慧平台的初衷，走上了一条圈地的"歪路"。在他看来，由于地方政府当时太重视电子商务，"菜鸟"禁不住诱惑，到处建物流基地和仓储，拿到了非常便宜的地。

对此，时任阿里巴巴集团首席市场官的王帅通过微博回应称，"菜鸟"无法解决把物流基础设施建立在云端的难题，在全国各个物流中心区域建设仓储中心，搭建连通全国的高标准仓储体系是支撑智能骨干网的"下半身"，实在缺不了。而且，与西方发达的物流体系相比，目前"菜鸟"的仓储少多了。

虽然质疑声不断，但认定目标的马云是不会放弃的。他的终极目标是打造完整的电子商务生态系统——淘宝、天猫平台控制前段商品流，支付宝和蚂蚁金服控制资金流，"菜鸟"则控制物流和大数据。如果马云的终极目标实现了，那么阿里巴巴就能掌控整个电商体系，成为无人撼动的真正王者。

PART 5

阿里云：布局大数据，提前备战 DT 时代

电商交易系统的正常运转，是建立在稳定而高超的技术之上的。所以，马云非常重视技术，早在 2009 年的时候就正式建立了阿里云。现在，马云更是发出了"人类已经从 IT 时代进入 DT 时代，未来的核心资源是数据"的断言。他的技术雄心是把阿里云打造成商业社会的基础设施。

第 1 章

放眼未来，紧盯大数据

马云总能发现未来最具价值的商机。比如，十几年前的电子商务。现在，他把眼光投向了大数据。

阿里云的诞生与发展

阿里云计算有限公司（简称阿里云）诞生于 2009 年 9 月 10 日。它主要专注于云计算领域的研究和研发，是继阿里巴巴、淘宝、支付宝、阿里软件、中国雅虎之后的阿里集团又一家子公司。

阿里云主要是由原阿里软件、阿里巴巴集团研发院以及 B2B 与淘宝的底层技术团队组成，其 CEO 由阿里巴巴集团首席架构师、阿里集团研发院院长王坚担任。

对于电子商务来说，云计算非常重要。它就是一种随时、随地，并根据需要而提供的服务，就像水、电一样成为公共基础服务设施。高效的绿色数据中心以及能支持不同互联网和电子商务应用的大规模分布式存储和计算，是营造下一代互联网和电子商务服务平台所需要的最基本的核心技术。马云正是看中了这一点，大力发展阿里云技术。

不管是阿里巴巴的 B2B、淘宝，还是天猫以及蚂蚁金服，都需要阿里云的支持，否则海量的信息数据将无法处理。如果在高峰期，系统瘫痪了，那生意就没法做了。比如，每年的"双十一"，对阿里云就是一个巨大的考验。

在阿里云的发展过程中，"去 IOE"是一个绕不过去的重要事件。"去 IOE"的本意是在阿里巴巴的 IT 架构中，去掉 IBM 的小型机、Oracle（甲骨文公司）数据库、EMC（易安信公司）的存储设备，代之以自己在开源软件基础上开发的系统。

IBM 是服务器提供商，Oracle 是数据库软件提供商，EMC 则是存储设备提供商，三者构成了一个从软件到硬件的企业数据库系统。由这三家公司构成的数据库系统几乎垄断了全球商用数据库系统市场。这套系统被广泛地运用到各行各业。比如电商、石油、金融等等。

具体来说，阿里巴巴的"去 IOE"运动，就是用成本更加低廉的软件——MYSQL 替代 Oracle，使用 PC Server 替代 EMC2、IBM 小型机等设备，以消除"IOE"对自己数据库系统的垄断。

阿里巴巴的 IT 架构经历了三个阶段：公司初创时，也就是第一阶段采用很廉价的设备；第二阶段换成高端大气的 IT 商业公司架构；第三阶段才积聚技术实力，自主研发。"去 IOE"就是从第二阶段过渡到第三阶段。

2013 年 5 月 17 日，最后一台小型机在阿里巴巴支付宝下线，标志着阿里巴巴已经完成"去 IOE"化。

阿里巴巴"去 IOE"的原因，主要有两点：第一，为了降低成本。基于"IOE"在业内的垄断，整套系统维护费用非常贵，仅仅 Oracle 系统三年的销售价格就达到八位数，而阿里巴巴旗下的用户群每年都在大幅增长。在应用云计算的过程中，"IOE"系统并不适合云服务横向扩展，也就是多个数据库系统同时运行，因此云服务一旦扩张，这部分维护成本将非常高。

对此，阿里巴巴技术保障部 DBA 负责人周宝方就曾表示，集中式严重制约是"去 IOE"的核心原因，而"IOE"本身限制了很多开发者技术的发挥和许多企业的长远发展。同时，他还认为，"去 IOE"技术难以复制，对接"去 IOE"技术的云计算平台更合适。而"去 IOE"需要信念，才能走得下去。

第二，为了信息安全。阿里巴巴旗下的各种数据极为庞大，而且也很重要，把这些数据放在别人那里怎么能放心？另外，阿里巴巴与政府合作的项目越来越多，从网络安全的角度来考虑，也不适合用全是外资控制的"IOE"。

"去 IOE"成功后，阿里巴巴在技术方面获得了真正的掌控权，为大规模、爆炸式发展扫清了障碍。

2013 年 8 月，阿里云成为世界上第一个对外提供 5K 云计算服务能力的公司。

2014 年 5 月 12 日，香港首个阿里云数据中心成立，阿里云迈开国际化第一步。

2014 年 7 月，阿里云最重要的产品 ODPS，正式开放商用。

2014 年 11 月，运行在阿里云上的"中国药品电子监管网"，正式通过国家信息安全等级保护三级测评。这是全国首例部署在"云端"的部委级应用系统。

2014 年 12 月，阿里云抵御了全球互联网史上最大 DDoS 的攻击。

2015 年 3 月，阿里云首个海外数据中心在美国硅谷落地。

2015 年 4 月，阿里云在新加坡建立数据中心。

2015 年 5 月，阿里云在中东城市迪拜开展业务。

2015 年 10 月，阿里云在美国硅谷建立第二个数据中心。截至 11 月阿里云在中国的杭州、北京、青岛、深圳、上海、千岛湖、香港以及新加坡、美国硅谷等 9 个地方设有数据中心。

谁都没有想到，以销售文化和商业文化主导的阿里巴巴，竟然开发了技术潜能，实现了在核心技术领域的一次赶超。

马云的技术雄心

马云不懂技术，但他懂得技术对于阿里巴巴的重要性，并进行战略性的部署，让技术成为阿里巴巴快速发展的重要支撑。马云曾经说过："人们一直认为阿里巴巴的技术可能是中国互联网中最差的，百度李彦宏懂技术、马化腾学技术，只有马云什么都不学，好像认为马云很差。其实正因为我不懂技术，我们公司的技术才最好。不懂技术，导致我们对技术的尊重。我们没法吵架。如果我很懂技术，我们公司的技术人员就会很悲催，我会三天两头告诉他们应该这样应该那样。因为我不懂，我才会好奇而敬仰地看着他们说'就应该这么做'。"

马云说阿里巴巴的技术是最好的，到底好不好我们从下面的数据中就能看出：2015 年的"双十一"，天猫全天交易额刷新了纪录，达到 912.17 亿元，其中无线交易额为 626.42 亿元，占比 68.67%；而在零点开始的抢购阶段里，系统交易创建峰值达到每秒钟 14 万笔，支付峰值达到每秒钟 8.59 万笔。

也许对于不断刷新纪录这件事，我们已经习以为常。但是在一天的疯狂购物中，阿里巴巴能够稳定支撑这么大的高并发交易，并没有因为用户的疯狂点击而陷入瘫痪，这已经非常让人吃惊了。想想很多网站因为点击量太多而陷入崩溃，而且这种点击量和阿里巴巴双"十一"的点击量根本没法比，我们就知道阿里巴巴能做到这一点是多么不容易，也就能理解马云所说的话。

刚开始，阿里云被马云定位于集团云计算板块，主要为阿里集团服务，其次才是为外部服务。后来，马云把阿里云提升到一个惊人的高度。他表示："全球化、农村市场和大数据云计算将是阿里巴巴集团的未来三大方向。"

从战略层面来说，阿里巴巴主要有三大业务线：以阿里巴巴的 B2B、淘宝、天猫为主的交易线，以蚂蚁金服领头的金融线，以阿里云为主的大数据技术线。

2014 年的时候，阿里巴巴的交易线就已经很惊人了，其零售市场年销售额近 2.5 万亿元，快接近社会商品零售总额的 9%。即便在美国，电商占比也仅仅在 10% 左右。2015 年阿里巴巴的全年总交易额更是达到了将近 3 万亿元。但是，任何事物都不可能无限制地发展下去，电商也一样，总会遇到天花板。

这时，从战略的高度而言，马云大力发展金融线和大数据技术线是最好的选择。关于蚂蚁金服我们会在后面专门讲述，这里只讲述阿里云。

可以说，阿里云是马云手上现有的最好牌之一。

在如今的互联网趋近饱和的情况下，云计算的市场和增长率都是非常惊人的。据 Gratner（高德纳公司）的数据显示，2014 年，全球云计算服务市场规模是 1528 亿美元，增长了 17%。有研究称，未来 10 年，全球公有云将保持 33.2% 以上的复合增长率。而中国的云计算增长速度，更是惊人。根据赛迪的数据，中国云计算服务市场，2012 年 482 亿元，2013 年 804 亿元，增长了 67%，未来几年的增长都在 60% 以上。对于这样大的一块蛋糕，马云是不会放弃的。

马云的技术雄心很宏伟，他不仅仅是要分切云计算的蛋糕，更是要做商业社会的基础设施，使阿里成为商业社会的操作系统。阿里云作为底层的 IT 设施，是这个操作系统非常关键的一环。一方面云计算代表着未来，另一方面云计算是阿里系所努力追求的庞大的数据能够真正产生巨大价值的基础，因为，阿里云可以将阿里系各个平台上（包括阿里巴巴的 B2B、淘宝网、天猫网、一淘网、聚划算等）的商品信息、信誉体系、支付工具、IM 用户资源挖掘提炼和分析，从而打通消费者和商家的信息不对称，真正把淘宝系做成电商领域的"基础设施"，到时候阿里集团不仅仅只是一个电子商务领域的巨无霸，更是所有电子商务企业和需要从事电子商务交易的传统企业所必须依赖的基础。

实际上，美国最成熟、应用最广的云计算是亚马逊的 AWS，而不是 Google、微软等互联网巨头。因为在为电商服务的实践中，就是为云计算提供技术储备的过程。当电商服务规模足够大，云计算就足够成熟。而阿里巴巴和亚马逊的发展如出一辙。

从 2010 年开始，阿里云正式对外提供云计算商业服务。也许大型的企业依然不放心云计算，要自建数据中心，但对广大中小企业来说，迁移到云平台可以马上见到实实在在的效果。在性价比的指挥棒下，创业企业几乎都在使用云计算服务。很快，阿里云就发展了起来。

阿里云不只服务商业社会，还与中央部委和各地政府进行合作，大大降低了政府的 IT 成本，提高了公共服务的效率。

2012 年 6 月，浙江省水利厅将台风路径实时发布系统搬上阿里云，以应对台风天突增的上百倍访问量；2014 年 5 月，中国气象局与阿里云达成合作，共同挖掘气象大数据的价值；2015 年春运火车票售卖量创下历年新高，而铁路系统运营网站 12306 并没有崩溃，其重要原因是 12306 与阿里云进行了合作；2015 年 5 月，中国交通通信信息中心研发、运营的宝船网 2.0 系统与阿里云合作，让公众可以查询全球超过 30 万艘船舶的实时位置和历史轨迹。

现在，阿里云的服务范围已经覆盖全球 200 多个国家和地区，为上百万的政府、企业客户提供着服务，成了全球领先的云计算服务平台。

马云的技术雄心还在不断升腾，马云的目标正在逐渐变成现实……

阿里巴巴备战 DT 时代

2015 年 5 月 26 日，马云在 2015 贵阳国际大数据产业博览会暨全球大数据时代贵阳峰会开幕式上表示："人类已经从 IT 时代进入 DT 时代，未来的核心资源是数据。"

那么，什么是 DT 呢？如何理解"未来的核心资源是数据"这句话的意思呢？对于 DT，马云在 2014 年 3 月份的时候就已经提了出来，他给出了自己的解释：IT 是信息技术（Information Technology）的英文缩写。DT 是数据处理技术（Data Technology）的英文缩写。IT 时代是以自我控制、自我管理为主；DT 时代，它是以服务大众、激发生产力为主的技术。通俗地讲，IT 能让自己愈来愈强大，而 DT 能让别人愈来愈强大，DT 是让你的消费者、让你的客户、让你的员工更有能力。IT 与 DT 两者之间看起来似乎是一种技术的差异，但实际上是思想观念层面的差异。

马云表示："人类社会的第一次技术革命，英国花了大概 50 年成为世界强国；第二次技术革命，美国也花了 50 年成了世界强国。这一次技术革命也会是 50 年，从现在往前推的 20 年，实际上是互联网技术突飞猛进的 20 年，未来的 30 年则是互联网技术应用到社会方方面面的 30 年，这 30 年才是创业真正巨大的机会。

"现在，我们正在进入一个新的能源时代，这个时代的核心资源已经不是石油，而是数据。中国是计算机大国，但中国不是一个计算的大国。未来，中国一定会成为计算大国，因为数据是一种生产资料，而未来的生产力就是计算能力和创业者的创新能力，以及企业家精神。在未来，计算能力将会成为一种生产能力，而数据将会成为最大的生产资料，会成为像水、电、石油一样的公共资源。"

马云认为，DT 时代的核心是"利他"主义："相信别人比你重要，相信别人比你聪明，相信别人比你能干，相信只有别人成功，你才能成功。"也就是说，你想要成功，就先要他人成功。他人成功了，你自然而然地也就成功了。

DT 时代的一个非常重要的特征是体验，客户要的不是烦琐无当的"服务"，而是真正开心的感受。马云指出，做任何产品和服务，都要问一个问题：你的客户觉得有没有用？"不要说工程师觉得很高兴，这个东西太好了，结果用户不用，这个是图热闹。"

马云 DT 时代利他主义，事实上就是帮助中小企业突破 IT 技术瓶颈，建立数据监测系统，从而创造一个庞大的前所未有的大数据流动网络，这是 DT 时代的终极目标。这样的覆盖全球的透明的大数据帝国一旦建成，独立的商业主体将自由联通，大数据云端计算的高效率，将大大解放人力，从而大幅降低企业运营成本。

马云在大谈 DT 时代的同时就已经行动了起来。2015 年 12 月 7 日，阿里巴巴集团启动 2018 年中台战略，构建符合 DT 时代的更创新灵活的"大中台、小前台"的组织机制和业务机制。

阿里巴巴设立中台事业群，任命张建锋担任事业群总裁。中台事业群下辖搜索事业部、共享业务平台、数据技术及产品部。中台事业群的主要任务是为阿里集团前端业务灵活发展、快速升级提供最强有力的保障和支撑，它成了阿里巴巴生态体系的发动机。

在"大中台"的支撑下，阿里电商事业群将打破树状结构，转变为一批快速决策、敏捷行动的"业务小前台"。其中在天猫、淘宝和手机淘宝三大核心业务，实施"班委会"集体负责制度，班委主要由阿里一批 80 后的业务骨干担当。

在马云的"2018 年中台战略"中，有着强大计算能力和海量数据的阿里云占据着非常重要的位置。它是"大中台"构建的基础核心。这也是马云走进 DT 时代的依仗。

第 2 章

不断成长的阿里云

从移动互联网 YunOS，到金融云，再到"云合计划"，阿里云不断发展，逐步向着马云的终极目标前进，成为互联网的基础设施。

紧抓移动端：YunOS

YunOS 是马云非常重视的一个项目。在阿里巴巴移动互联网战略里面，YunOS 占据很重要的位置。

YunOS 的前身是阿里云 OS。2011 年 7 月 28 日，阿里云 OS 被阿里巴巴正式推出。它隶属于阿里云事业群，是一款智能设备操作系统产品，像安卓系统一样，主要运行于移动终端之上。比如手机、iPad 等。同时，它联手天宇朗通发布首款基于阿里云 OS 的智能手机天语 K-Touch W700。

在阿里云 OS 的发展初期，受到了竞争对手谷歌的狙击。

2012 年 9 月 13 日，阿里云和宏碁发布会的前半小时，主办方突然宣布发布会临时取消。

阿里云发布公告表示，宏碁受到了来自谷歌的压力，不得不取消发布会。"宏碁方面接到谷歌通知，称如果在其新产品上搭载阿里云 OS 操作系统，谷歌公司将会解除与其 Android 产品的合作和相关技术授权。"

在阿里云发布公告之后，谷歌马上做出回应。就连之前很少出面的谷歌高级副总裁、Android 之父安迪·鲁宾也连续"呛声"，声称阿里云系统是"山寨版"Android，但该系统又不兼容 Android，这将弱化生态系统。谷歌此举是为了防止安卓阵营的硬件基石开放手机联盟（OHA）分裂。

　　而阿里巴巴集团 CTO 兼阿里云总裁王坚则回应称：“阿里云 OS 是独立的操作系统，并不是安卓生态系统的一部分。”

　　对此，安迪·鲁宾则认为，阿里云 OS 使用 Android 的运行环境、框架和工具。阿里云应用市场中包括了 Android 应用（甚至包括盗版谷歌应用）。阿里云基于 Android 平台开发、利用了 OHA 为这一平台所付出的工作成果，这一点毫无争议。

　　阿里云没有继续与谷歌打口水战，而是选择了埋头苦干。2012 年 9 月 20 日，阿里云 OS 从阿里云事业群独立出来，成立了阿里云 OS 事业群，陆兆禧兼任总裁，王坚兼任董事长及 CTO。阿里云 OS 直接由阿里巴巴集团领导。

　　同时，马云表示，“莫为浮云遮望眼，风物长宜放眼量”，并向阿里云 OS 业务投资 2 亿美元，以加强在人才、技术和设施上的投入。

　　2013 年 3 月 2 日，阿里云 OS 更名为阿里巴巴 YunOS。随后 YunOS 宣布了其最新的商业策略：用平台、开放的方式，围绕手机操作系统，建立一个终端手机厂商、运营商、硬件厂商、设计公司、开发者等的新生态体系。同时，淘宝网推出了云手机频道，所有搭载 YunOS 的智能手机都在这个平台销售。

　　2014 年 10 月份，YunOS 与魅族合作，随后又与中国移动、纽曼等建立合作关系。

　　2015 年 10 月 15 日，在 YunOS 智能生态亮相云栖大会上推出面向开发者和服务提供商的开放平台，同时发布 YunOS 航海版 light 和 YunOSforWear 两大系统级产品。

　　2015 年 12 月 10 日，YunOS 5 在北京发布。这是 YunOS 正式发布的第五个版本。

　　全球移动操作系的大格局是四强争霸，谷歌的 Android 和苹果的 iOS 占据绝对的统治地位；阿里的 YunOS 和微软的 Windows Phone 处于劣势。据统计资料显示，中国国内 2015 年智能机市场，Android 份额占 81.36%，iOS 份额占 11.00%，而 YunOS 份额也占到了 7.10%。YunOS 的用户已经达到 4000 万。这使得 YunOS 在国内成了绝对的第三大移动操作系统。

　　YunOS 经过 5 年的技术积累，在产品的成熟度上已经很高了，而且在产品的规划发展上也更加清晰。在 2015 年的手机移动操作系统市场，YunOS 呈现了爆发式的增长，搭载 YunOS 智能操作系统的手机出货量也远超出了 3000 万台。马云甚至亲自上阵，为 YunOS 手机做推广。

在 2016 年 1 月 29 日召开的阿里巴巴集团组织部年度会议上，承载着阿里集团全面布局全生态智能硬件领域的 YunOS 被评为了 2015 年的亮点业务。

可以说，马云眼中的 DT 时代随着阿里 YunOS 智能操作系统的布局也正式加速来临。

发布"云合计划"

2014 年 8 月 19 日，阿里云宣布启动"云合计划"。"云合计划"拟招募 1 万家云服务商，其中包括 100 家大型服务商、1000 家中型服务商，为企业、政府等用户提供一站式云服务。

阿里云与商家合作的方式主要有以下几种：

1. 解决方案的合作伙伴：针对有能力提供不同级别（战略咨询、完整解决方案、应用解决方案）的解决方案的合作伙伴，聚焦提供客户基于阿里云平台的完整云计算解决方案。

2. 云服务合作伙伴：为以服务为业务的外包服务商、技术服务商、中小服务商、云服务商合作伙伴制定，聚焦提供客户与阿里云相关的服务，帮助客户快速、准确、平稳地将现有应用与新开发的云应用搭建在阿里云平台。

3. 技术平台合作伙伴：针对软件、硬件、SaaS（软件即服务）服务商而建立，旨在提供全方位的帮助，让合作伙伴的产品服务能够与阿里云平台结合，充分发挥云计算的技术优势与合作伙伴应用的业务优势。

同时，阿里云为技术平台合作伙伴提供更多的市场平台，帮助合作伙伴建立与阿里云所有技术平台合作伙伴的联系，阿里云客户的联系。

4. 渠道服务合作伙伴：指加入阿里云渠道服务体系，为广大中小企业用户提供基于云计算技术的互联网应用及信息化服务的企业。

5. 云市场合作伙伴：云市场是由阿里云建立的、供服务商向用户提供围绕云计算产品的应用及服务的网络平台，让用户更好地使用阿里云提供的云计算服务器。

为了顺利推行"云合计划"，阿里云为合作伙伴提供了资金扶持、客户共享、技术和培训支持等服务，帮助他们从 IT 服务商向云服务商转型。而且，不同的合作伙伴享受不同的服务帮助。

阿里云成立的扶持基金，就是专门用于支持合作伙伴的发展。比如，2015年2月份，阿里云就投入了亿元扶持基金，用于云计算在游戏开发者中的推广和普及。

另外，作为平台方，阿里云还给予了提供商更多的利益分成。阿里云总裁王文斌就曾表示："基于阿里云计算平台，阿里巴巴将产业收入分成从 8：2 变成 2：8，负责应用创新的云服务商拿 80% 的收入。

现在，基于阿里云，其合作伙伴提供了金融、政府、制造、教育、医药等不同领域的解决方案，包括咨询、架构设计、云迁移、工具应用开发、数据分析等综合云服务。

"云合计划"显示了马云以及阿里云的远大抱负和雄心。王文斌更是直言不讳，希望在中国培育出世界级的企业软件公司。现在，阿里云只是阿里巴巴集团的一个下属公司，如果阿里云都已经成为世界级的大公司，那么阿里巴巴就更可想而知了。

阿里云的模式与马云一贯的平台思维一致。在阿里云的平台上，那些大中小型服务商都是卖家，而企业就是买家，是消费者。他们通过阿里云平台实现双方的交易。

现在，趋势已经非常明朗，云服务是块大蛋糕。云服务的优势非常明显。比如一个相同的业务，如果企业在"云"上只需投资 1 元，而在传统 IT 上则需要投资 4 元。所以，企业都会选择云服务。

阿里云的快速发展正当其时，这也充分证明了马云精准独到的战略眼光。

"为了无法计算的价值"

2015 年 10 月 14 日，阿里云在 2015 云栖大会发布了全新品牌口号——"为了无法计算的价值"。

初次看到这个品牌口号，大家也许会觉得有些拗口，不好理解，但随着不断琢磨，以及听了阿里巴巴高管的解释，就会觉得这是一个很有内涵的品牌口号。很多的价值是无法计算的，但是云计算却在不停地计算着，它会极大地改变人们未来的生活。

阿里云认为，计算的终极意义是发挥数字的力量，去解决问题、创造价值，让数字不止于数字，赋予数字以人的喜怒哀乐。

为了让"为了无法计算的价值"更深入地植入广大消费者的心中，促使人们认识云计算的巨大价值，阿里云进行了大规模的广告宣传。宣传涉及的范围包括移动互联、金融、赛事直播、生命科学、新能源等五大领域。

　　　移动互联：发挥计算的力量，展现流畅的影像图文，让表达更加自由。
　　　预计到 2020 年，全球将有 80% 的成年人拥有智能手机，届时，与智能手机如影随形的移动互联将覆盖地球的绝大部分地区。文字、图片、语音等各种各样的交流形式将大大减少沟通的成本，而社会的热点也能够在一瞬间同步给所有人，使每个人都成为历史的见证者。胜利日大阅兵时的数千万人的实时点赞，讨论量轻松突破数千万条的盛况将能在世界的每个角落轻松上演。

金融：发挥计算的力量，让金融展现多样性，把平等普惠带给每个人。

金融与互联网的联姻越来越频繁和密切：银行设立社交网络信息数据库，利用大数据发展小微贷款……这一切，每天都在我们身边上演，纷繁复杂的金融数据正在因计算而变得井然有序。而随着互联网的不断发展，互联网金融也为每个普通人开辟了通往金融世界的新渠道。在不远的未来，每个人都能凭借计算寻找到自己的生财之道。

赛事直播：发挥计算的力量，无缝接入实时赛况，让世界球迷共享快乐。

赛事直播时最令人扫兴的不外乎抱着电脑的你还在为心爱的球队捏一把汗，而隔壁看电视的一家已经提前传来了欢呼声。现在，随着CDN等云计算技术的发展，利用智能分布调度系统，就能及时搬运大数据，让电脑、手机等终端无缝接入实时赛况，实现与电视的秒级同步，畅享赛事精彩。

生命科学：发挥计算的力量，革新基因测序技术，解码生命的奥秘。

中国是世界上出生缺陷率高发的地区之一。每年1600万至2000万的出生人口中，有80万至120万出生缺陷儿。而基因测序能够显著降低新生儿的出生缺陷率。一个人的基因组检测大约会产生90Gb的数据，而40万个样本所需的庞大计算资源只有云计算才能提供。

新能源：发挥计算的力量，帮助提升新能源产能，造福下一代。

从水资源污染再到雾霾天气的不断扩散，自然正用它的语言向人类发出警示。寻找新能源之外，提升新能源产能更成为重中之重。风电、光伏等可持续新兴清洁能源正在飞速革新和快速发展，但其发电过程中的复杂信息，则需要通过以计算为基础的能源互联网进行信息和电能传输、处理、反馈，实现可靠、低成本的能源生产。

　　每一次当你在社交网站上发出一张照片；

　　每一次当你的手机钱包多盈余一块钱；

　　每一次当你和朋友在电脑前观赛发出一声欢呼；

　　每一次当世界又迎来一个健康的婴儿；

　　每一次当风、阳光带来一度最清洁的能源；

　　……

　　这都是无法计算的价值。

在广告中，那些描绘的场景让人怦然心动，心驰神往。这是阿里云对未来最美好的勾勒，也是对云计算巨大价值的充分展现。

现在，阿里云已经成了云计算领域的代表企业，也是阿里巴巴集团收入增速最快的业务。因此，马云在大力讲述 DT 时代的同时，给予了阿里云最大的重视和支持——对阿里云战略增资 60 亿元，用于国际业务拓展。

加足动力的"云航母"驶向了更广阔的天地……

PART 6

蚂蚁金服：马云未来的真正王牌

蚂蚁金服被马云寄予厚望。IDG 资本的副总裁兰希在 2015 年 7 月份的时候曾经说过："未来五年，蚂蚁金服的体量可能会超过阿里巴巴。"

　　关于蚂蚁金服的终极进化，没有人会给出准确的答案。但是各种推测却让人震惊：蚂蚁金服会成为"第二央行"，会成为"纽交所"……难道这只曾经小小的蚂蚁会真的成长为一条巨龙，叱咤风云，翱翔九天，成为中国乃至世界金融领域的巨无霸？

第 1 章

阿里抢占互联网金融的蓝海

"蚂蚁无处不在。"马云以支付宝为根基创建的蚂蚁金服正在大施拳脚，渗透到金融领域的方方面面。也许在未来，互联网金融已经省去了"互联网"这三个字了，因为那些没有利用互联网变革的金融机构都已成为这个世纪被灭绝的恐龙。

蚂蚁金服的前生今世

马云就像一个伟大的匠人，兢兢业业地构建着阿里巴巴这个庞大的互联网生态系统——交易环节的阿里巴巴 B2B、淘宝、天猫等，技术支持环节的阿里云，物流环节的"菜鸟"，金融环节的蚂蚁金服。在这个生态系统中，金融是至关重要的一个环节。另一方面，互联网金融也是社会经济发展的热点和方向，是一片才被初期开发的、价值巨大的蓝海。作为最具战略眼光的企业家，马云没有错过这一块"肥肉"的理由。于是，积极打造蚂蚁金服也就顺理成章。

蚂蚁金服前身为浙江阿里巴巴电子商务有限公司。这个公司我们在前面"支付宝股份转移风波"那一节提到过。它是独立于阿里巴巴集团之外的中国内资公司，注册于 2000 年 10 月，注册资本为 7.1 亿元，原由马云和谢世煌分别持股80% 和 20%。2011 年 6 月以后，它就成了支付宝的母公司。

2013 年 3 月，阿里巴巴集团宣布以浙江阿里巴巴电子商务有限公司为主体，筹建阿里小微金融服务集团，其 CEO 由彭蕾担任。

2014 年 6 月 11 日，阿里小微金融服务集团更名为蚂蚁小微金融服务集团，注册资本为 12.29 亿元，股东有两个，一个是杭州君瀚股权投资合伙企业，持有57.86% 的股份；另一个是杭州君澳股权投资合伙企业，持有 41.14% 的股份。"杭州君瀚"的控制者为马云和谢世煌，"杭州君澳"的控制者为马云和阿里巴巴的 25 位高管。虽然公司的控制者都是阿里巴巴的人，但蚂蚁金服和阿里巴巴没有任何股权关系。

蚂蚁金服的董事长及 CEO 由彭蕾担任，总裁由井贤栋担任。2016 年 10 月和 2018 年 4 月，彭蕾先后卸任蚂蚁金服 CEO 和董事长，由井贤栋接任。

2015 年期间，马云不断为蚂蚁金服引进战略投资者。

1 月份，上海祺展投资中心从"杭州君瀚"手中取得蚂蚁金服 4.61% 的股权。上海祺展由上海众付投资管理有限公司、王育莲共同持股，其中众付投资由云锋基金发起人兼基金主席虞锋、董事总经理黄鑫共同持股，而王育莲则为虞锋的母亲。值得一提的是，云锋基金正是由马云和虞锋等人共同发起成立。

7 月份，"国字头"的全国社保基金、国开金融以及中国人寿保险、太平洋保险、新华人寿保险等机构入股蚂蚁金服。

8 月份，中邮资本也成了蚂蚁金服的股东。

2016 年 4 月 26 日，蚂蚁金服完成了 B 轮融资，融资额为 45 亿美元。此次参加投资的"国字头"公司除了 A 轮战略投资者中国人寿等多家保险公司、中邮集团、国家金融等外，新增加了中投海外和建信信托（中国建设银行下属子公司）。这也是全球互联网行业截至当时最大的单笔私募融资。本次融资过后，蚂蚁金服估值超过 600 亿美元。

至此，蚂蚁金服的股权结构基本定型，公司的"地基"更加稳固起来。蚂蚁金服也逐渐显露出了雄霸互联网金融领域的气势。

值得一提的是，蚂蚁金服的核心是支付宝，而支付宝有一个重要的"历史遗留问题"——股权转移对软银和雅虎的补偿。

2011 年 7 月底的时候，经过艰苦谈判，马云与软银、雅虎达成补偿协议，支付宝公司需支付知识产权许可费用和软件技术服务费给阿里巴巴集团，该项费用为支付宝公司税前利润的 49.9%。当支付宝或者其控股公司上市时，须以 IPO 总市值的 37.5% 给予阿里巴巴集团一次性现金回报，回报额不低于 20 亿美元且不超过 60 亿美元。

2014 年在阿里巴巴集团赴美上市前夕，阿里巴巴集团与蚂蚁金服达成新的补偿协议：阿里巴巴每年将获得 37.5% 的蚂蚁金服税前利润。一旦蚂蚁金服上市，阿里巴巴可以选择"利润分享"终止，从而一次性获得 IPO 时蚂蚁金服总价值的 37.5%，蚂蚁金服 IPO 时估值需超过 250 亿美元，融资金额超过 20 亿美元。

马云的"小蚂蚁"逻辑

对于蚂蚁金服的取名，马云的用意很明显："之所以选择这个名字，是因为我们是从小微做起，我们只对小微的世界感兴趣，就像蚂蚁一样，虽然渺小，但它们齐心协力，焕发出惊人的力量，在去目的地的道路上永不放弃。"

阿里巴巴是靠中小企业做起来的，"专注于中小企业"是马云的原则和创业逻辑。现在做蚂蚁金服，马云也是坚持了这个原则，贯彻了这个逻辑。正因如此，蚂蚁金服从诞生之初就有了与传统金融机构完全不同的 DNA 和生存哲学。

马云认为，"小微"具有大市场，着眼于"小微"更容易获得创业成功，同时，"小微"聚得多了就成了"大"。通常情况下，传统金融机构都愿意为大企业、著名企业服务，而不愿意为小微企业服务，因为相比较而言，后者的风险和成本都太高。所以，即使这些小微企业具有很强的金融需求，也很难得到传统金融机构的支持和青睐。然而，马云却看中了这些小企业。

通常情况，蚂蚁金服所服务的小微企业贷款额都不大。这在很多传统金融机构看来是很不划算的，但蚂蚁金服就在做着这个看起来不太划算的买卖。小微企业往往是初创型公司，规模小，实力弱，外界环境稍有变化就会对它们造成冲击，甚至使它们倒闭。这是所有小微企业共同的弱点，一旦出现问题，那么投出去的资金就很有可能打了水漂。然而，蚂蚁金服为何还要大力扶持这些小微企业呢？

这里面有一个非常重要的原因，就是马云拥有阿里云。金融的本质就在于信用，传统金融机构由于缺乏相应的数据，很难对一个小微企业的信用做出准确的评价，即使能够做出评价也要付出很大的成本。而马云拥有阿里云，他可以利用大数据、云计算技术来解决这一困扰着金融机构的难题。

蚂蚁金服利用云技术对海量的用户行为和关系数据网络进行建模与预测，以实现交易和账户的实时监控和预先识别，从而对用户的信用水平做出较为准确的评估。这种评估就会作为蚂蚁金服提供贷款的参考依据。当然，如果加入蚂蚁金服的平台，成为合作伙伴，其他的金融机构也能使用这种评估作为参考。蚂蚁金服是平台，可以为广大中小企业服务，也能为其他金融机构服务。

蚂蚁金服的总裁井贤栋曾经表示："我们不是金融机构，我们其实不愿意做具体金融业务，我们是一个平台的提供者，我们并不是和金融机构直接竞争。"

蚂蚁金服将自身定义为一家平台的提供者，这一方面能在最大限度上减小公司树敌的可能；另一方面，也能在最大程度上团结一切可以团结的力量，通过开放平台让所有有投资和融资需求的个人、企业、机构都能从中获得所需，从而形成一个互利互惠、开放多元的金融生态系统。

蚂蚁帝国的庞大版图

蚂蚁金服发展非常快，仅仅一年多的时间，就成了一个涵盖支付、基金、理财、保险、银行、征信、股权众筹、P2P、金融 IT 系统的超级互联网金融帝国。这已经成为马云最有价值的一个版块。2016 年 4 月 26 日，蚂蚁金服宣布完成 B 轮45 亿美元的融资，蚂蚁帝国的实力再次增强。

那么，马云的蚂蚁帝国到底有多庞大呢？

我们先来看一下蚂蚁帝国的"人口"。先不说用户数量庞大的支付宝，就是上线时间只有两年多的余额宝，截至 2015 年 12 月 31 日，其累计用户规模已达 2.6 亿，也就是说全国每 5 人中就有 1 位在使用余额宝。对于传统金融机构来说，用户的获取何其困难，为了积累客户不惜投入巨资建设网点，可惜仅仅诞生没多久的余额宝就已经颠覆了绝大多数传统银行几十年的投资。

蚂蚁帝国的"人口"数量庞大，其业务所涉及的范围也非常广阔，主要有十大板块。

支付宝为全球领先的独立第三方支付平台，也是蚂蚁帝国最牢固的基础。据艾瑞咨询统计数据显示，2016 年中国第三方互联网支付交易规模达到了 58.8 万亿，其中，支付宝占比 61.5%，处于绝对的优势地位。

支付业务

银行业务

浙江网商银行于 2015 年 6 月 25 日正式开业，蚂蚁金服占有 30% 的股份，为其最大的股东。网商银行坚持纯网络形式，无线下网点。网商银行提出"无微不至"的口号，主要服务对象为中小企业，不会提供 500 万元以上的贷款。它的目标是在 5 年内服务 1000 万中小企业。

另外，蚂蚁金服 2015 年 12 月 9 日对外宣布，已经与中国邮政储蓄银行达成战略合作——蚂蚁金服将投资入股邮储银行。

理财业务

余额宝是蚂蚁金服于 2014 年 2 月推出的货币基金产品，截至 2015 年 12 月 31 日，其规模为 6207 亿元；招财宝是蚂蚁金服旗下定期理财平台，到 2015 年 7 月 17 日的时候，平台累计交易额突破 2000 亿元大关；蚂蚁聚宝是蚂蚁金服于 2015 年 8 月推出的一站式移动理财平台，该 App 上聚合了余额宝、招财宝、基金和股票等理财产品。

基金业务

蚂蚁金服先后入股了天弘基金、德邦基金和恒生电子旗下的数米基金。入股天弘基金以来，借助余额宝的威力，天弘基金的规模发生了巨变；蚂蚁金服控股数米公司无疑有利于补上其基金销售渠道的短板。

保险业务

蚂蚁金服旗下的众安保险是全国第一家获得互联网保险牌照的公司，于2013 年 11 月开业。众安保险 2015 年上半年完成首轮增资后，估值高达 496 亿元，蚂蚁金服占股 16%；2015 年 9 月，蚂蚁金服还拟以 12 亿元人民币增资入股国泰金控在中国大陆的全资财产险子公司——国泰财产保险有限责任公司。交易完成后，蚂蚁金服占股比例达 60%；此外，蚂蚁金服 A、B 两轮融资的投资方中包括人保、人寿、太保、新华等国内多家大型保险机构。

小额贷款业务

蚂蚁小贷是蚂蚁金服旗下的小额贷款平台，据其官方公布的数据显示，截至 2015 年 3 月底，已经累计为超过 140 万家的小微企业解决了融资需求，累计投放贷款超过 4000 亿元。。

P2P 业务

由恒生电子、中投保、蚂蚁金服共同设立的 P2P 平台"网金社"已于 2015年 6 月 24 日正式上线。到 2015 年 12 月 10 日，平台累积交易量突破 100 亿元，到 2016 年 1 月 9 日累积注册用户突破 20 万。

股权众筹业务

2015 年 11 月 18 日，蚂蚁金服旗下的股权众筹平台蚂蚁达客正式上线。蚂蚁达客的目的是"让融资更简单"，为创业者提供股权众筹融资服务，支持创新与创业。

预见未来：马云商传

征信业务

芝麻信用目前已推出芝麻信用分，分值范围是 350 到 950，分值越高代表信用水平越好。除了与互联网金融公司展开信用评估合作以外，蚂蚁金服已与首都机场展开合作，芝麻信用分达到 750 分及以上就可享受首都机场国内快速安检通道。

金融服务业务

恒生电子，包括旗下的恒生聚源，为中国绝大多数基金公司提供后台交易、结算、投资等服务的核心系统。2015 年 4 月份，马云和谢世煌控股的浙江融信网络技术有限公司以 32.99 亿元人民币的代价收购了恒生电子的母公司恒生集团。2015 年 6 月份，浙江融信将持有的恒生集团股份以原价转让给了蚂蚁金服。

2015 年 10 月 16 日，蚂蚁金服推出了专门面向金融行业的云计算服务——蚂蚁金融云。蚂蚁金融云继承了阿里云将 5000 台机器连成一个集群的能力，以及可靠、一致、安全等特点，完全能够满足金融业的需要。同时，金融机构可以快速廉价地按需采购服务，无须自我搭建。这对缺乏财力和技术能力的中小金融机构意义重大，可以用较低的成本搭建起一套适应互联网金融需要的系统，应对用户的爆发式增长。

开放蚂蚁金融云是蚂蚁金服"互联网推进器"计划的重要一步，是技术领域向金融机构开放的最重要平台。蚂蚁金服的"互联网推进器"计划是指在 5 年内助力超过 1000 家金融机构向新金融转型升级。

在传统的金融四大主流业务银行、证券、保险、基金中，蚂蚁金服仅有证券尚未有较大布局。但在 2015 年 7 月，支付宝 9.0 发布会上，蚂蚁金服的高管，明确表示未来可以直接用余额宝购买股票。而支付宝 App 也早就新增了股市行情的功能。这意味着，证券行业也是蚂蚁金服未来所瞄准的方向之一。

蚂蚁金服入股"36 氪"

投资 36 氪是马云完善蚂蚁金服互联网金融系统的重要一步。36 氪是国内知名的互联网创业生态服务平台。在国家"大众创业、万众创新"的号召下，36 氪发展很快，潜力巨大。商业嗅觉灵敏的马云当然会看到这一点，并付诸行动。

2015 年 6 月，36 氪股权投资平台正式上线，并与蚂蚁金服达成全面战略合作。2015 年 7 月 8 日，36 氪与蚂蚁金服战略合作落地，36 氪股权融资平台接入支付宝系统，成为国内首家接入支付宝的融资平台。

2015 年 10 月 15 日，蚂蚁金服向 36 氪投资 1.5 亿美元，双方展开战略合作，主要包括支付、私募股权融资、技术、云计算等多个领域，共同推进创业生态服务发展，服务小微创业人群。

对于马云为什么投资 36 氪，人们众说纷纭，但总体而言，主要有下面两个原因：

第一，马云看上了 36 氪的无形资产。36 氪所拥有的创业者投融资平台和股权类互联网金融平台，形成了价值巨大的两大无形资产：一个是创业项目 + 创业者群体，一个是投资人群体。

截至 2015 年 12 月底，36 氪的创业者投融资平台活跃着 2000 余位机构投资人，共聚集了超过 5 万家创业公司，其中，共有 6700 余家企业挂牌融资。而其股权投资平台也聚集了超过 30000 余名中、高产理财人士，已帮助 48 个创业项目完成融资近 4 亿元人民币。

这么丰富的资源，对蚂蚁金服布局创业生态、股权众筹业务具有很大的补充和帮助。马云非常明白，BAT 三巨头之间的竞争将会越来越激烈，作为创业者入口的 36 氪必然会成为互联网巨头们争夺的战略要冲，现在，趁百度、腾讯还没有动手，自己先下手为强，抢先与 36 氪结成战略合作关系是最明智的选择。蚂蚁金服可以通过 36 氪的平台，"笼络"或影响大批的创业者向阿里帝国靠近，甚至成为阿里的忠实客户。

第二，36 氪未来具有很大的收益潜力。36 氪在帮助企业融资的时候，要么从融资额中获取了一定回报，要么就是获得了创业公司的一些股权，而这些创业公司的股权，在未来价值巨大。

从经济发展的大势来看，创业公司是国家重点扶持的对象。

总之，通过入股 36 氪，展开与 36 氪的全面战略合作，马云的互联网金融系统更加完善，也更具张力和生命力。

收购 EyeVerify 和 MoneyGram

蚂蚁金服的海外扩张是基于支付宝国内稳固的地位。根据 QuestMobile（北京贵士信息科技有限公司）的数据，2016 年 12 月，支付宝在移动端拥有超过 4 亿的用户，并且实现了 61% 的同比增长。2017 年 2 月份，在中金公司发布的第三方支付研究报告中，也表示"尽管支付宝移动端的份额从 80% 降至 68%"，但到 2020 年，支付宝预计仍将占据市场 60% 的份额。

占据国内大部分的市场份额之后，蚂蚁金服将重心移向了海外，极力配合阿里巴巴的全球化战略。

2016 年 9 月，蚂蚁金服以 7000 万美元收购了美国密苏里州堪萨斯城（Kansas City）生物识别技术公司 EyeVerify，使其变成了蚂蚁金服的全资子公司。这是蚂蚁金服在美国的第一笔投资。

EyeVerify 成立于 2012 年，是一家主打眼球识别技术的公司。它开发的 Eyeprint ID 可以帮助用户将眼睛作为独一无二的"密码"，从而极大简化了登录过程。

据 EyeVerify 介绍，Eyeprint ID 相当于由 50 个符号组成的复杂密码，其可靠性比传统密码方式高很多。而且，其优势非常明显，与声音识别以及人脸识别技术相比，Eyeprint ID 更加精准；与虹膜识别技术相比，Eyeprint ID 则更加经济。使用 Eyeprint ID 识别技术不需要安装特殊设备，只需要通过普通相机或者手机拍照就能完成眼球的识别功能。

蚂蚁金服收购 EyeVerify 以后，极大地提高了支付交易的安全性，同时，也为进入美国市场做好了铺垫。

蚂蚁金服进军美国市场的脚步逐渐加快，2017 年 1 月份，又宣布与美国快速汇款服务公司 MoneyGram（速汇金）达成协议，以约 8.8 亿美元并购后者。

MoneyGram 成立于 1988 年，10 年之后被 Viad/Travelers Express 公司（成立于 1940 年）收购。其总部位于美国得克萨斯州东北部城市达拉斯。MoneyGram 与全球第一大汇款机构 Western Union（西联汇款）相似，是一家汇款机构。旗下主要产品是速汇金业务，一种个人间的环球快速汇款业务。这种业务很便捷，可在十余分钟内完成由汇款人到收款人的汇款过程。

MoneyGram 的分支机构遍布 30 多个国家，网点遍布 200 多个国家和地区，有 35 万个。它与全球各地的很多银行有合作关系，全球范围内约有 24 亿个账户，沃尔玛、CVS 药店、英国邮政、加拿大邮政及 ACE Cash Express 等均是他们的合作伙伴。在中国，他们的合作伙伴包括银联、中国银行、工商银行、邮储银行、广发银行、兴业银行等金融机构。

对 MoneyGram 的收购，使得蚂蚁金服在美国获得了一席之地，非常有利于不断扩张的全球汇款业务。其实，对于中国企业来说，收购美国企业非常困难，特别是一些重要领域的企业，成功的可能性很小。现在，蚂蚁金服却收购了美国服务着全球的重点金融机构，这从侧面反映出了马云的巨大能量。

支付宝与微信支付的碰撞

在支付领域，马云的支付宝是当之无愧的老大。但是，随着马化腾的微信支付快速崛起，支付宝感到了威胁。

支付宝和微信支付所进行的竞争，背后实际是对移动互联网未来的争夺。移动支付被看作是移动端最大的入口之一，相比于台式电脑，手机的便携、高使用频率等特性，使其连接线上线下的优势更加明显。随着应用场景的不断增加，移动支付将介入到人们生活的方方面面，这意味着，锁定了移动支付，就在很大程度上锁定了用户。马云和马化腾都明白其中的道理，所以才互不相让，争得头破血流。

不管是实力雄厚的支付宝，还是后起之秀微信支付，都不想输掉这场生死大战。它们依靠各自的优势，在社会的各个层面、各个领域进行着激烈的竞争，同时也推动着支付技术不断进步和发展。

支付宝能在十多年间从一个默默无闻的小应用，发展到如此庞大的用户规模（2017 年全球活跃用户达到 8.7 亿），并能承受众多其他应用的巨大压力，与它切实存在的优势是密不可分的。

首先，相较于微信支付，支付宝占得了先机。俗话说得好，"先发制人，后发制于人"。2003 年就已经出世的支付宝，比微信支付早了 10 年左右，这就给支付宝带来了显而易见的优势——拥有更多的合作伙伴和数量众多的用户。其实很多时候，我们在网上购物时，都会有着这样的体验：我们准备用什么支付工具，不是看我们想用什么，而是看它有什么。支付宝比微信支付更早走入人们的生活，为人们提供了支付的便利，也就能获得更多的认同。

其次，在安全性方面，支付宝占有一定的优势。通常而言，用户对于支付工具的选择，首先考虑的是安全性。如果支付工具的安全性不能得到保证，那么用户的资金、财产安全便得不到保证。这样的支付工具没有人愿意用。相比微信，支付宝开通支付需要复杂的验证，比较麻烦，但安全性较高。当然，如果正常操作，微信支付和支付宝都是非常安全的。

再次，支付宝的功能也比较齐全。十几年间，支付宝经历了多次更新换代，终于变成了现在这样功能强大的支付工具。为了满足用户的体验，支付宝的界面也在不断更新，变得越加清爽、美观。在微信支付出现之后，支付宝又推出了许多新的应用，使其功能更为丰富强大，从而起到对微信支付的压制作用。

最后，支付宝有着阿里巴巴集团这个强大的后盾，这毫无疑问给支付宝带来了巨大的优势。因为，阿里巴巴实力雄厚，拥有大量的用户，这给支付宝带来了庞大的用户基础。同时，支付宝拥有相比其他应用更为坚实的经济基础。有了资金的大力支持，它的发展就会更加迅速。

相对于支付宝，微信支付也有其巨大的优势，否则就不会发展得这么快，还给支付宝带来威胁。微信支付的优势体现在以下几个方面：

其一，微信支付拥有一个超级平台——微信。截至 2018 年 3 月，微信的用户数量达到了 10.4 亿！微信如此巨大的用户数量让微信支付迅速成了一个大家日常移动支付的重要工具。其实，微信支付的前身是财付通，但是财付通主要使用方向是拍拍和易迅，这两者的发展一直不是很好，身处电商行业，却没有明确的定位，于是一直被京东、淘宝压制，所以财付通也并没有火起来。但是微信火爆之后，便带动着微信支付也火了起来，使得微信支付逐渐在移动支付市场上站稳了脚跟，并迅速崛起。

其二，微信支付的用户黏性较高。这一点非常明显，在我们的日常使用中也能体现出来，支付宝 App 打开的频率并不高，而微信支付则凭借着微信的黏性而保持了很高的使用频率。支付宝意识到了这个问题，于是也加入了朋友、生活圈等功能，逐渐变得跟微信差不多，但是真正在支付宝聊天的人很少，也不能提高用户的黏性。每个产品和品牌都有自己的定位，在所有用户的眼中，支付宝就是支付工具和理财工具，而要想给它增加社交属性，提升用户打开次数和停留时间会非常难，毕竟没人喜欢在 ATM 机面前与别人聊天。

其三，微信红包也极大地提高了微信支付的黏性。中国人喜欢发红包，而春节是发红包的高峰期。于是，从 2014 年起春节到处都是人们在发红包，抢红包。在红包功能推出之前，愿意使用微信支付的人并不是很多，所以绑定银行卡的人不多，但是在红包功能推出来之后，大家都开始使用微信支付了。微信支付作为微信的功能型产品，其转账主要针对微信好友之间，所以场景较为有限。但是其良好的 UI 设计和操作流程，使转账的体验很流畅。发红包不会像支付宝一样，需要打开支付宝 App，而是直接在聊天时就能发红包，并且只用两步，远远比支付宝简单。人们都喜欢简单，怕麻烦，所以用微信支付的人也就多起来了。

微信红包的火爆，让双方都铆足了劲，在 2016 年春节期间展开了激烈的竞争。2016 年尚未到来之际，支付宝率先以 2.69 亿元夺下猴年春晚的合作资格，并推出"咻一咻"功能添加附近的人。同时与微博红包合作，利用微博大 V 造势。

2016 年春节，微信新增红包照片玩法。除夕当天共有 2900 万张红包照片发出，红包照片互动总次数超过 1.92 亿次。

2016 年 2 月 13 日，微信公布了猴年春节期间（除夕到初五）的红包整体数据，微信红包春节总收发次数达 321 亿次。总计有 5.16 亿人通过红包与亲朋好友分享节日的欢乐。相较于 2015 年春节 6 天收发 32.7 亿次，增长了近 10 倍。

从数据可以看出，2016 年春节的红包大战中，微信支付还是占据了上风。

总的来说，支付宝和微信支付各有所长，最终谁胜谁负很难预料。但目前的情况是支付宝凭借着雄厚的累积优势占据老大位置，微信支付只能屈居其后。

第 2 章

会赚钱的支付宝——余额宝

"比活期存款利息更高，比基金购买更方便。"具有巨大优势的余额宝推出之后，很快就受到了人们的追捧。

阿里巴巴推出余额宝

2013 年 6 月 13 日，也就是在马云卸任 CEO 不久，阿里巴巴推出的余额宝在内测了大半个月后正式上线。余额宝是一项由支付宝专门为个人用户打造的余额增值服务，本质上属于货币基金。它的宣传口号是"能赚钱的支付宝"。

通过余额宝，用户在像支付宝一样进行消费支付和转出的同时，还能获得一定的收益。就是说，用户在支付宝网站内就可以直接购买基金等理财产品，但同时，余额宝内的资金还能随时用于网上购物、支付宝转账等网上支付功能。而且，使用余额宝的收益明显比银行活期利息高。

在阿里巴巴推出余额宝的过程中，集团内部还出现了分歧，主要原因在于利益。如果不推出余额宝，根据央行管理规定，支付宝会获得支付宝里备付金所产生的利息。但如果推出余额宝，利息收益就没有了，只能从基金公司获得极少的技术服务费。

虽然有不同的意见，但马云坚持推出余额宝。在他看来，虽然支付宝在短期内的利益受到损害，但支付宝的用户却获得了收益，这会极大地增加用户的黏性。而且与基金合作，会扩大支付宝的应用场景，提高用户的活跃度，增加资金的流量。从长远来看，余额宝的推出利大于弊。

最终，阿里巴巴决定推出余额宝。

由于兼顾收益和便利，余额宝刚一推出，就受到了人们的极大追捧。仅仅6 天时间，余额宝的用户就突破 100 万；半个月以后用户突破 250 万，累积转入资金达到 66 亿元。半年之后，余额宝的用户达到了惊人的 4300 多万，规模达到了 1850 多亿元。

余额宝的强势爆发，让人们惊呼"马云逆天了"，但同时也受到了不小的质疑和阻力。这是社会经济发展的规律，当一个新事物出现，并获得巨大成功时，通常会对旧事物产生影响。余额宝这个新事物就对传统金融业造成了极大的冲击，尤其给银行带来不小的损失，必然会遭到银行的反对。但余额宝拥有着强大的生命力，这是创新赋予的力量，任何阻力都无法真正让它停下前进的脚步。

余额宝获得用户追捧的同时，也获得了监管部门的认可，2014 年 4 月，央行发布了《中国金融稳定报告（2014）》。这份报告把 2013 年界定为互联网金融元年，而其中提到的代表性产品就包括余额宝。

余额宝定位中小客户

余额宝延续了马云"服务于中小企业"的理念，定位于中小客户。传统金融业通常都是锁定大客户，而余额宝则以小博大，专门为小客户服务。

余额宝客户定位于"月光族""小白"等这类客户，掀起 1 元起卖的"草根理财盛宴"，并且"随时随地，触手可及，不排队、不填单，也不被网上开户折磨，不用怎么学习就会用"。这种门槛非常低，又非常方便的理财方式必然会成为普通人的首选。

"余额宝的成功，实际上是与互联网开放、服务草根文化密不可分的。"曾经有一位基金公司高管一针见血地指出。

其实，余额宝所面对的客户，大都是用淘宝进行购物的散客群体。这类人有些闲钱，但不多，又缺少合适的理财方式。同时，这一类人也是最需要理财的，只可惜银行的理财产品太过于"高大上"，各种条件的限制，使他们望而却步。

银行可能也意识到了这个问题，他们也推出了一些类似余额宝这样的产品。比如，很多银行推出了活期宝类产品，这些产品在风险和流动性两方面都优于余额宝，收益水平与余额宝也差不多，但销售的效果很不理想。因为这些产品都有起始金额的限制（5万元左右），这让大部分普通小客户敬而远之。

实际上，说到底是银行就没有对这种活期宝类产品给予足够的重视，他们觉得不划算。"'嫌贫爱富'一定程度上也无可厚非。"曾经有位银行业的人士说出了实话，"小微金融是脏活累活，大企业做一单比小微企业做上百单都赚得多，银行做小微金融是投入产出比效率很低的业务。"甚至有一些银行还规定，如果账号里的钱低于一定数额，将要向银行缴纳小额账户管理费。

就有某位银行业人士这样评价余额宝："从资产管理的角度看，既谈不上技术创新，也谈不上多大价值。这就好比快餐，尽管喜欢者众多，企业受益，但谈不上营养。"其实，快餐又如何，聚少成多，这些看起来不起眼的小闲钱，只要汇聚起来就是非常可怕的数字。滴水可以成海，星火能够燎原，马云看准了这些人，他也理解这些人。正如他所言："站在客户的角度，才知道他们真正想要什么。"余额宝的成功就是最好的证明。

在一些人眼里，通过互联网赚钱很轻松，点点鼠标就能获得丰厚的收益。其实不然，互联网金融绝对是个苦差事，但马云就是一个乐意干这种苦差事的人。余额宝的推出，在别人看起来顺风顺水，但这背后凝聚的却是长时间的技术积累和客户使用习惯的培养。没有阿里巴巴花费近10年沉淀的海量客户群体，以及各种各样的尝试、培养出的客户使用习惯，就没有今天的余额宝。

准确的定位，长期的积累，大胆的尝试，成就了余额宝。

余额宝到底动了谁的奶酪

余额宝的火爆让银行感到了巨大的压力。交通银行的董事长牛锡明不无忧虑地表示，随着互联网的冲击，在不久的将来，广为密布的银行营业网点可能会缩减，随着余额宝等产品的出现，推动了利率的市场化，银行业单纯靠传统利差赚取利润的日子正在过去。而现在，存贷之间的传统利差给银行贡献了八成的收入。招商银行的前行长马蔚华也曾说过："招行的危机所在，就是马云，而不是其他银行！"

余额宝的客户只不过是那些银行看不上眼的，为什么会让银行如临大敌，恨恨不已？

虽然余额宝针对小客户，但聚少成多，最终还是给银行造成了很大的威胁。社会上流动的资金是有限的，少上几千万、几个亿对银行影响不大，但像余额宝那样规模达到了几千亿，就必然对银行造成影响。尤其让银行感到不公的是，他们认为余额宝的爆发得益于"监管套利"，"银行被捆住了手脚，而支付宝受到的监管较少，享受到了监管差异带来的政策红利"。

比如，根据银保监会的规定，银行理财的产品门槛动辄在 5 万元、10 万元以上，把很多投资者挡在了门外，而余额宝的起购额为 1 元钱。银保监会当初提高门槛，是为了把抗风险能力弱的用户挡在门外。

这让银行觉得很不公平，现在买股票限额都很低，最低 1 手（100 股），便宜的股票几百元就能买入，而风险比股票低的银行理财产品却需要很高的限额。另外，银保监会还规定，首次购买银行理财产品必须面签，而余额宝则不需要。

预见未来：马云商传

1元的起售额、便捷的互联网渠道、良好的产品体验，余额宝的这些特点吸引了越来越多的用户，这在一定程度上冲击了银行的存款业务。根据央行公布的数据，2014年第一季度人民币存款增加4.72万亿元，同比少了1.39万亿元。

更让银行觉得郁闷的是，余额宝上的钱最终流向还是银行，只是原来银行只需付给存款用户较低的活期利息，而现在银行却要付出更高的利息成本。

关于这一点，央视曾经有一位评论员还批评了余额宝，认为余额宝是金融寄生虫，获取暴利，拉高了社会的融资成本。

为什么这样说呢？余额宝本质上是货币型基金，而货币型基金主要投资于各种债券，以及进行银行间的同业拆借业务。同业拆借是指银行之间互相借钱救急，一般时间不长，最短的是隔夜拆借，通常也就几周或几个月。这种拆借是要付出利息的，也就是同业拆借利率。同业拆借利率比活期利率要高很多。

这位评论员认为余额宝联合货币基金把百姓手里的小钱带给缺钱的银行，是在玩一种基本没有风险（指同业拆借）钱生钱的暴利游戏，而银行吸纳存款以后，是通过自己的专业知识把钱贷给各种企业和个人，赚取利差。

另外，大家不把钱存到银行，而都买余额宝了，这样银行就收不到存款，也没法给别人贷款，赚不到利差了，就只好从同业拆借市场上借钱，找余额宝借钱。而同业拆借利率是市场上货币供给决定的，当然比银行给储户的活期利息高，这时候如果银行想要赚得利差，就必须同时提高它贷给别人的贷款利率，这样就提高了社会融资成本。

不管这位评论员是站在什么立场发表意见，但却说出了银行抵制和憎恨余额宝的一个非常重要的原因——余额宝动了银行的奶酪。

银行本应该只付出活期利息就行了，现在因为余额宝却要付出更高的利息，利益受到损害，当然非常恼怒。

银行的恼怒也许还有更多方面的原因。银行的主要业务是"存、汇、贷"三大块。马云的支付宝抢了银行"汇"的一部分利益；2010年成立的阿里小贷业务，又从银行"贷"的业务里面分得了一杯羹；2013年的余额宝又动了银行

"存"的利益。虽然马云的这些业务都定位于"小"，但聚少成多，而且互联网使得这种聚的过程急剧缩短，同时又是"存、汇、贷"全方位进攻，银行当然有点受不了了，反击是必然的选择。

做金融行业的"搅局者"

马云 2013 年 6 月份参加首届外滩国际金融峰会时，就直言中国现有的金融体系不可能支撑未来 30 年经济的发展需求，金融行业需要"搅局者"，需要外行入局共创未来。

马云非常坦率，他把互联网金融形容为"搅局者"，称自己为"金融外行人"。他希望金融领域能对"外行人"开放："未来的金融其实两大机会都有，一个是金融互联网，即金融行业走向互联网；第二个是互联网金融，纯粹的外行领导，其实很多行业的创新都是外行进来才引发的。金融行业需要搅局者，需要那些外行的人进来进行变革，因为金融是为外行人服务的，不是为金融圈自娱自乐、自己赚钱的。外行人不懂行，但世界往往是被那些不懂的人搞翻天的；所以，金融行业开放首先要思想开放，思想开放之后，才有可能有技术开放、政策开放。"

这是马云对国内金融变革与创新最直白的表述。马云这个"金融业外行人"的出发点是好的，但他损害了传统金融业的利益，于是受到了传统金融业的集体围剿。

2014 年 3 月，阿里巴巴和传统银行的关系突然更进一步紧张起来。导火线是四大行突然调低了支付宝快捷支付的转账限额。比如，在手机端，工行单笔限额由 5 万元下调为 5000 元，每月限额则从 20 元万降为 5 万元。工行和农行给出的理由是"为了保护用户的资金安全"。

预见未来：马云商传

马云曾经说过："银行不改变，就要改变银行。"这可以说是马云这个"金融外行人"最霸气的一句话。而且这句话渐渐地变成了现实，5年之后，也就是2016年2月25日五大国有商业银行联合宣布：手机银行境内人民币转账汇款免收手续费。

对此，中国经济网评论员崔书文在《我财经》节目中表示："这个事情说明了一个道理，就是要相信市场的力量、商业的力量，市场竞争能让人民的生活更加美好。只有通过市场竞争，商家、厂家才可能提高服务质量，改善服务环境。"

由此可见，马云通过互联网金融搅局逐渐取得了明显的效果。这也符合国家金融市场改革的方向。

PART 7

互联网＋：阿里的深度融合战略

在"互联网＋"的大潮下，马云加强线上与线下相互融合，使得阿里巴巴的触角伸向四面八方——农村电商、体育市场、线下零售巨头、媒体领域、生活服务领域。当然，这并不是盲目地扩张，而是借助阿里巴巴强大的资源——流量、数据、资金、平台等打造一个新的商业生态圈。马云的每一次出手，都是在不断完善这个巨大的生态圈。

第 1 章

开拓耕耘，马云进军农村市场

农村电商是马云给阿里巴巴提出的三大未来战略之一。当城市市场这块蛋糕被电商巨头们几乎瓜分完了的时候，必然需要寻找新的未被占领的市场。这时，进军农村就是非常好的选择。

马云为什么看好农村电商

马云总是能对未来做出精准的判断，从战略高度为阿里巴巴指明前进的方向。从认准互联网，到专注于电子商务，他几乎都走对了。2014 年，马云确定了阿里巴巴的战略方向：第一，跨境电子商务；第二，农村电子商务；第三，云计算、大数据。农村电商成了阿里巴巴的三大战略之一。

有困难的地方就有机会，别人的抱怨就是自己的机会，这是马云一贯的思维方式。其实，看中农村电子商务也是这种思维方式的体现。在别人眼中，农村经济落后，消费能力弱；大部分青年人都去城里打工，剩下的老人孩子不会用电脑、手机；交通情况不好，物流基础差。这根本不适合做电子商务，但马云却把宝押在了农村。

马云在农村的布局早就开始尝试了，2012 年，淘宝就上线了生态农业频道，消费者可以通过网购买到特色农产品。后来，"聚划算"又推出了"聚土地"项目，人们可以在网络上购买某一土地的使用权，并且享受种出来的新鲜农产品。

马云表示："随着移动互联网、随着手机、随着大数据云计算，农村原来的基础设施已经不是问题。""为了让所谓新的城乡一体化，伴随着将来城镇化的推进，电子商务必须先行。"

对于马云而言，看好农村电子商务，有多方面的考虑：

第一，从国家层面来说，开发农村，发展农村是大势所趋，是重中之重。多年来，中央的一号文件都会聚焦"三农"问题。

马云大力发展农村电子商务，正是顺应了国家经济发展的大趋势。

第二，马云所掌握的数据显示了农村的潜力。据阿里研究院发布的农村电商消费报告显示，淘宝农村网购的占比确实不是很高，2013 年占比只有 8.6%，但呈现增长的趋势非常明显。据他们当时预测，2014 年农村网购市场会达到 1800 亿以上，2016 年将突破 4600 亿。由于农村的人口基数很庞大，再加上互联网普及率的提升和物流基础设施的完善，10 年或者 20 年后，农村网购市场或将超过城市。

第三，从竞争的层面来看，进军农村是一个不错的选择。当时，电商在城市的竞争非常激烈，京东、苏宁易购、国美都在赔本赢市场，阿里巴巴想再扩大份额非常困难。这时候转向压力相对较小的农村市场，对于阿里巴巴来说就是蓝海战略。如果等到农村条件成熟了，再想布局就太晚了。

马云大举进军农村电商市场，是非常具有前瞻性的战略布局。

马云的"千县万村"计划

2014 年 10 月 13 日，为了实施农村电商战略，马云正式启动"千县万村"计划——在 3 至 5 年内投资 100 亿元，建立 1000 个县级运营中心和 10 万个村级服务站（淘宝村）。这一计划总共分三步：第一步，在未来的 3 到 5 年当中，持续投入 100 亿元人民币来进行农村的电商基础设施建设，营运体系建设和服务体系建设。第二步，在 3 年中能够把阿里巴巴的运营体系和服务体系从浙江开花，从浙江走向全国，服务全国的 1000 个县。第三步，从县到乡，形成 10 万个行政村，从而构成一个庞大的电子商务生态体系。

在"千县万村"计划中，农村淘宝的基本结构如下：

县级运营中心→村级服务站→村民

农村淘宝的各级职能如下：

1. 县级运营中心负责：

（1）村级服务站（合伙人）的开发建设、培训和管理；

（2）村级代购市场的运营、管理；

（3）县村仓储、物流服务；

（4）市场推广、网购培训、参观接待。

2. 村级服务站负责：

（1）代买、代卖，便民综合服务；

（2）物流服务；

（3）资金结算及金融服务；

（4）村级电商氛围营造，促进创业、带动就业。

服务项目包括：网上代买（农耕物资、家电日用百货、服装鞋帽、学生用品用具）、网上代卖（本地农副产品、农艺产品及特色产品）、网上缴费（水电煤、通信费等代缴）、创业培育（扶持农特产品网上销售、培训村级网店及村民创业）、本地生活（快递代收发、预订汽车火车飞机票、酒店预订）。

村级服务站服务流程如下：

1. 代买（以外套为例）：村民在村级服务站自行挑选外套→店主代替村民在网上下单、填好快递地址→以支付宝的形式，在村级服务站担保账户里向卖家支付货款→卖家发货→村民收货→村民试穿觉得不错，则支付货款给村级服务站→村民试穿觉得不好，直接把衣服交给村级服务站退货即可。

2. 代卖（以苹果为例）：村民地里栽种的苹果成熟了→村民通知村级服务站→村级服务站派出相应人员免费拍照、议价后，把苹果的信息陈列至网上货架→如果有买家网络下单，村民按物流要求装箱打包、发件→买家收到确认付款，村民得到货款。

"千县万村"计划是马云将供应链深入下沉到农村市场的重要举措，它以线下服务实体的形式，将阿里巴巴电子商务的网络覆盖到全国三分之一强的县以及六分之一的农村地区。

对于"千县万村"计划的实施，阿里巴巴集团 COO 张勇表示："当电子商务引发全社会商业生态的变革时，农村需要迎头赶上，甚至实现弯道超车。我们希望通过电子商务的作用，让农村也能享受与城市一样的消费选择；让优秀的人才也能回农村创业；让农民能直接从厂家采购生产资料从而降低成本；让农业产品足不出户，就能卖到全世界。"

"千县万村"计划，首先在浙江省桐庐县试点，随后在广东清远市阳山县试点。其实，早在计划启动前，马云开始就从政府的角度进行铺垫——2014年7月，阿里巴巴就召开了"县长大会"，他们邀请了全国26个省份的176个县市的书记、县长，共同商讨如何在县域大力发展电商。

随着试点的成功，"千县万村"计划逐渐全面铺开。截止到 2015 年年底，这一计划走过了第一个里程碑，在全国范围内所覆盖的农村淘宝村达到了 10000 个。

同时，为了有力地推动"千县万村"计划的发展，做好人才配套保障，阿里巴巴与共青团中央合作，在 2016 年 3 月份共同启动了"千县万村百万英才"项目。

项目的具体内容是在 3 年内，通过开展电子商务培训，培养农村淘宝合伙人、建设青年电子商务创业组织、举办电子商务创业大赛、启动"村淘掌柜金"资金支持计划等工作，培育农村电子商务人才。

在具体操作层面，阿里巴巴设计开发了一套"数据分析与管理""选品议价""运营推广""实战分享"方面的培训课程，制订了农村青年电商的培训计划，举办不同层级的农村青年电商培训班。参加培训的农村青年在课程完成后，可以参加认证考试。如果通过考核，将被纳入"千县万村百万英才"人才库。对于人才库中的青年，阿里巴巴将依托旗下的农村淘宝项目，吸纳他们成为农村淘宝的合伙人。

而共青团中央则主要负责为电商人才培训和认证，以及"千县万村百万英才"人才库的建立提供资源和技术支持。

农村电商的支点：村级服务站

在马云的农村电商战略体系中，村级服务站是基础，是重要的支点。这些庞大的支点配合物流、资金，共同支撑起了庞大的农村电商生态体系。

对于淘宝村级服务站的建立，我们站在合伙人的角度，通过下面问答的形式阐述一些细节性的问题。

1. 问：前期，阿里巴巴提供哪些服务？答：前期提供专业培训。

2. 问：是否需要收取培训费用？答：完全免费。

3. 问：提供的电脑、电视和广告牌需要押金吗？自己需要承担多少费用？提供哪些东西？答：我们提供硬件设备：电视、电脑、桌子、展柜等标配，需要押金 1000 元，没有其他费用。但需要自备宽带、音响。

4. 问：开农村淘宝店每月收入大概多少？答：开村淘店收入没有固定额，多劳多得，根据不同产品的不同佣金返点，进行佣金分发（按月份分），打入对应的支付宝账号。

5. 问：代购产品需要到阿里巴巴指定的网店购买吗？答：只要在淘宝网上与农村淘宝网上都可以代购，但只有在农村淘宝上的代购有佣金。

6. 问：那佣金返点怎么计算呢？答：不同店铺的不同产品，佣金都不同，由村淘店主自己设定。

7. 问：需要签订劳动合同或者类似协议吗？答：需要签合作协议。

8. 问：需要去政府机构登记吗？需要缴税吗？答：前期需要报名。关于缴税部分，按每月分发的佣金需要缴税。

9. 问：农村淘宝店属于阿里巴巴公司吗？有等同阿里巴巴员工的福利吗？答：农村淘宝属于阿里巴巴公司，但村淘站点的负责人不能享有阿里巴巴员工的福利。

10. 问：在农村淘宝的开展过程中，能同时操作京东、苏宁等其他购物网站吗？答：发展村淘的过程中，不能与村淘类似的同行合作。

11. 问：阿里巴巴会对农村淘宝运行过程中的代购、中转、销售产品有限定吗？答：产品是符合法律规定的就可以（关于禁售产品明细，得参考互联网法律法规条款）。例如：品牌侵权、仿品、假品、军火等，不能代购或者收购。

12. 问：什么时候可以开始落实开店？流程如何？答：第一步→报名；第二步→接到阿里巴巴员工的电话，了解具体情况；第三步→对于在电话沟通中合适的报名者，阿里巴巴员工将安排实地走访；第四步→实地看环境，面对面交流未来的创业场景和全部细节；第五步→全部沟通完毕，确定通过；第六步→根据每一批开业先后顺序的实际情况，安排开店时间。

13．问：物流体系如何搭建？答：物流全部交由菜鸟网络技术有限公司来负责。

14．问：如果不开农村淘宝了，之前所提供的物资怎么处理？答：如果后期不开了，所有物资全部收回。

第 2 章

马云钟情体育：体育产业是未来的好生意

马云说："阿里巴巴投身体育，并不是因为这里有多少钱能赚，而是 13 亿人如果没有体育精神是很危险的。"这也许是马云投资体育的本意，但在商业环境下，个人意志更多地会服从公司整体的利益。对于阿里巴巴来说，体育产业潜力巨大。因为从 2014 年下半年开始，中国体育产业迎来了政策红利、深化改革的长周期。

入股恒大，15 分钟谈成 12 个亿

马云的眼光和精明不容置疑。对于市场潜力巨大的体育市场，他当然不会放过。马云首次投资体育市场的合作对象是恒大的许家印。

2014 年 6 月 5 日，马云和许家印分别代表阿里巴巴集团、广州恒大足球俱乐部，共同召开了新闻发布会，正式宣布阿里巴巴集团以 12 亿元人民币，买下恒大足球俱乐部 50% 的股份。

对于这次合作的经过，许家印表示，他与马云在香港喝酒时说恒大在发展战略上要增资扩股，就问马云是否入股。当时马云酒喝得有点多，两个人 15 分钟就谈完了合作事宜。

马云则表示："我们这次跟恒大的合作，许总把我们请进来，也是希望参与足球的变革，我相信如果足球还是老套路的玩法就不够新颖，足球需要搅局者。本来我们是不想来的，既然来了，我们就搅搅局，带些新玩法，这是我真实的想法。"

对于马云和许家印合作，大家都觉得很突然。因为他们一个主业是电商，一个主业是房地产，两个行业联系不大，而且合作的项目还是足球。

其实，早在一年前，许家印就试图把马云拉进足球中，并用"快乐"一词诱惑马云："马总，你要参与进来，否则，你就无法体会足球带来的快乐。"

后来，许家印又多次邀请马云一同观看恒大足球俱乐部的比赛，并且经常与他聊恒大足球俱乐部的情况。在潜移默化中，马云发现足球确实很有魅力，也最终促成了双方的合作。

对于阿里巴巴集团入股恒大足球俱乐部一事，很多人认为是马云醉酒误事，其实并非如此。以马云的聪慧和定力，怎会在这种大事上犯糊涂！他早已有涉足体育产业的打算，许家印的恒大正好是一个不错的契机。

马云与许家印合作的消息发布之后，立刻引起业界的议论。

有些人认为，马云是想利用恒大足球俱乐部来提升自己和阿里巴巴集团的知名度。

这对于马云而言，完全没有必要。阿里巴巴的发展非常快，知名度已经足够高，淘宝、天猫、"双十一"等早已经成为热门的关键词，相关书籍、视频更是不可胜数。除了足球迷，普通人知道阿里巴巴旗下这些品牌的要比恒大足球多很多。

也有人认为，马云希望借助恒大足球俱乐部吸引球迷到阿里巴巴集团的零售平台网购。

这绝不是主要原因。虽然恒大足球俱乐部有很多球迷，但是比起上淘宝网、天猫网购的人来，实在是少得可怜。一个"双十一"就可以吸引来数亿份订单，其号召力可见一斑。

还有人认为，马云是为了阿里巴巴在美国上市而造势。

这也不可能。恒大足球俱乐部虽登顶亚洲，但也只是在足球领域有些名气，和电商之间没有多大关系。而且，国外投资人对中国足球的印象一直不佳，马云如果借助足球造势，反而会适得其反。

其实，入股恒大足球是阿里巴巴集团生态布局的一部分。近年来，阿里巴巴已经开始关注娱乐和健康行业，恒大足球俱乐部与这两者都有直接关系。

按照马云一贯的想法，不管做什么业务，要么成为第一，要么打败第一，要么跟第一合作。选择恒大足球俱乐部，就是有着和第一合作的意味。

而且，马云是一个非常有远见的企业家，在别人都说电子商务会亏本时，他坚信会赚钱，他说对了；在别人认为淘宝不会赚钱时，他坚信会赚钱，他又说对了。而现在，大家都认为足球俱乐部不赚钱，马云相信，肯定会实现盈利。

恒大足球俱乐部与阿里巴巴合作后，俱乐部名称更改为恒大淘宝足球俱乐部。这成了马云进军体育领域的第一步，也是他体育大布局的开始。

看好体育市场，成立阿里体育集团

2015 年 9 月 9 日，阿里巴巴官方正式宣布已在 9 月 8 日成立阿里体育集团，全面进军体育产业。阿里体育集团由阿里巴巴控股，新浪和云锋基金共同出资，原 SMG 副总裁张大钟出任阿里体育 CEO，阿里巴巴集团 CEO 张勇担任阿里体育董事长。

对于成立阿里体育集团，阿里巴巴在公告中表示，健康和快乐是阿里巴巴集团为未来布局的两大战略方向，而体育产业是这两大方向的"黄金交叉点"。

从 2014 年 6 月入股恒大足球俱乐部开始，马云已经开始了体育市场布局的行动。2014 年 10 月份，国务院正式发布《关于加快发展体育产业促进体育消费的若干意见》，为中国体育产业未来十年发展指明了方向，这让众多资本对这个潜力无限的领域蠢蠢欲动。马云的行动正好抢在了前面。已经抢跑成功的马云，必然会不断发力，保持优势。

2015 年 5 月，马云旗下的云锋基金领投了乐视体育的 A+ 轮融资；同月，阿里又开始运作签约赞助美国高校顶级联盟"帕克十二联盟"，并于随后获得 NCAA 在华赛事的独家转播权；同时，天猫国际宣布与德国拜仁慕尼黑达成战略合作，拜仁 2015 季球星战衫将通过天猫国际向中国 9000 万拜仁粉丝首发。

2015 年 7 月，马云斥资入股新浪体育，成为新浪体育合作伙伴。

2015 年 8 月，阿里又玩转了一把"明星效应"，NBA 巨星科比的公司 Kobe Inc 正式和阿里巴巴合作，内容涉及影视、体育等方面。

这一系列的准备之后，阿里体育集团的成立也就水到渠成。

马云曾经说过："我们不想做体育产业，也不想做体育事业，我们想做的是体育经济。"

马云到底如何做体育经济呢？阿里巴巴表示，背靠整个阿里生态系统，阿里体育旨在升级体育产业各环节，让数字经济重塑体育产业的整个链条，为生态合作伙伴释放出更大的价值，让更多消费者方便快捷地享受到优质的体育运动服务。而阿里体育的 CEO 张大钟则说得更为明确："我们主要还是以体育 IP（知识产权）为核心，通过阿里的数字经济平台，为用户提供体育产业链上的各类产品和服务，阿里原来做的事情是让做生意变得简单。"

比如，借助阿里体育，用户想要出国看场比赛，再也不用为购买门票而发愁；有了喜欢的体育项目，也能方便地找到教练、运动场地。同时，依托阿里的平台，更多国内体育品牌能够更轻松地走向国际。

阿里体育集团的成立，使马云做体育经济的目标得以尽快而有效地实施。

逐鹿体育市场：马云 PK 王健林

在体育市场上，马云的最大竞争对手是万达集团董事长王健林。马云成立了阿里体育集团，开始大力拓疆开土。而王健林可谓是国内最早投资体育产业的商业大佬。早在 20 世纪 90 年代中期，万达冠名的大连足球队就在国内的甲 A 联赛中叱咤风云，与此同时，万达地产业在全国范围内也迅速扩张。到 2001 年的时候，王健林将万达足球队转手出让。

现在，王健林又重回体育领域。他在体育板块的布局速度非常快，先后斥重金收购西甲豪门马竞、全球第二大体育市场营销公司盈方（具有众多赛事转播权）、世界铁人公司（铁人三项赛的运营方）等拥有众多赛事转播权和产权的体育公司。这使得万达成为了全球规模最大的体育产业公司。

对于马云来说，布局体育领域是非常重要的一个步骤。其实，从2013年开始，马云已经在文化产业的多个维度进行投资布局。比如，成立阿里数娱事业部、斥资63亿港元收购文化中国、投资光线传媒、65亿元入股华数传媒、12.2亿美元投资优酷土豆等。可以说，马云已经在影视版权、电影投融资、在线售票、数字音乐、数字出版上都进行了布局，但唯独缺少体育内容这块，如果不及时进行布局，很可能在未来变成阿里巴巴的巨大短板。所以，进军体育领域是马云必须要做的事情。

而且，马云本身也很喜欢运动，特别是太极。据说，马云小时候曾在西湖边跟着一位老太太练习太极。2008年，马云找到陈氏太极第19代传人、陈家沟武术院创办者王西安，并拜王西安为师，还约了李连杰、沈国军等到陈家沟"朝圣"。

除了太极，喜欢社交的马云在体育圈也是混得风生水起，跟篮球明星科比、足球明星贝克汉姆都可以谈笑风生，跟李连杰和许家印更是称兄道弟，而且他还是中华全国体育总会的委员。

在体育市场上，相对于强势的万达来说阿里巴巴的主要优势在于电商零售平台＋大数据＋资本。

在平台方面，天猫和淘宝就是阿里巴巴最重要的砝码。据阿里巴巴官方统计，在这两个零售平台上拥有3.67亿活跃买家和近千个体育运动品牌入驻，2014年在阿里巴巴零售平台上成交的体育运动类商品高达765亿元，票务销售近亿元。同时，国际体育巨头也纷纷向阿里巴巴抛出橄榄枝。比如皇马、拜仁都相继和阿里旗下的电商平台展开合作，希望借助阿里从中国体育消费市场中分得一杯羹。

阿里巴巴所掌握的庞大数据，没有人不心动眼红。大数据可以说是阿里巴巴的撒手锏。比如，拿下世俱杯 8 年冠名权，阿里体育打动国际足联的，就是来自阿里巴巴的数据。张大钟对国际足联的大佬们说："国际足联说全世界有几亿足球爱好者，但你知道他们都住哪儿吗？我能告诉你，阿里巴巴能拿出 6 千万的数据来：他买过球没有、买过足球鞋没有、买过足球装备没有，他甚至一周踢几次球我都知道，你知道吗？"面对这样的诱惑，国际足联没有别的选择。因为发展足球，他们需要这样的大数据。

还比如，阿里体育的 COO 余星宇曾在与上海市体育局战略合作协议签订仪式上，展示了一组在天猫、淘宝平台上的 2015 年上海市体育消费数据：根据年度有效的收货地址，上海市民月均消费用户数达到 397 万，总交易额超过 45 亿元，占全国 9%。他说："用户就像是'画像'，这些数据可以帮助政府了解哪些人正在开展哪些运动、对哪些项目感兴趣、需要哪些服务，从而针对性地提供服务。这充分体现出了大数据的巨大价值。"

至于资本方面，如日中天的阿里巴巴根本不缺钱。其四处大肆收购投资就是最好的证明。

在这些优势的支撑下，马云的"体育经济"逐渐展现出了他的终极目标——做中国体育的基础平台，为所有的体育企业服务，从而创造出属于阿里体育自己的 IP。

在体育市场上，马云的阿里与王健林的万达从不同角度进行着激烈的竞争。最终的结果还无法预测，但从长远来看，马云似乎更具潜力，而王健林似乎更"健壮"。

第 3 章

强强联合，阿里入股多家商海巨头

马云知道，与线下实力强大的商家联合，能实现优势互补，形成强大的竞争力。所以他说，互联网公司不走入线下就没有未来。同时他也在积极付诸行动。比如与海尔、魅族、苏宁加强合作。

阿里巴巴结盟海尔

2013 年 12 月 9 日，阿里巴巴集团宣布对海尔集团投资 28.22 亿港元，其目标是这家老牌家电公司的物流能力。具体内容是，阿里巴巴集团以认购新股的方式获得海尔电器 2% 的股份，以购买股权和可转换债权的方式获得海尔电器旗下日日顺物流 34% 的股份。

阿里巴巴和海尔，一个被誉为最具实业思维的互联网企业，一个被誉为最具互联网思维的制造企业。双方正式联姻，从而实现了强强联合。

在阿里巴巴体系中，物流一直是马云非常重视的一环。马云在卸任阿里巴巴 CEO 不久就筹建了菜鸟物流，并把其作为重点发展的项目。海尔日日顺物流的融入，使得菜鸟物流的实力迅速提升，特别在大件物流方面提升效果更好。

其实，刚开始阿里巴巴并没有认识到海尔的特殊价值，只是普通的合作——海尔在天猫开店。后来，阿里巴巴发现消费者对海尔每项指标的评分都要领先同行业很多，特别是"发货速度"高出同行业的 40%。

大件物流在体验上有三个短板：送货慢，不能送货上楼，不能安装、售后。而海尔这三个短板都做得很好。这和日日顺物流是分不开的。当时，日日顺物流已经在全国建立了 7600 多家县级专卖店，2.6 万个乡镇专卖店，19 万个村级联络站，以及在全国 2800 多个县建立了物流配送站，布局了 1.7 万多家服务商，解决了三四级市场的配送难题。

阿里巴巴对大件物流有着强烈的需求。以天猫 2013 年"双十一"为例，在天猫的平台上，包括床、沙发等需要大件物流运送的家具，交易额同比 2012 年同日增幅达 150%。而冰箱、洗衣机、空调、电视机、油烟机、燃气灶等家电销售额在"双十一"当日，同比 2012 年增幅达 350% 以上，远超电器城的平均增幅。而海尔的日日顺物流正好可以弥补阿里巴巴的短缺。

于是，阿里巴巴高层开始了与海尔高层的接触，商谈合作事宜。2013 年 1 月 6 日，海尔邀请张勇参加海尔的年会，张勇向海尔集团的轮值主席、海尔电器的董事长周云杰提出了合作意向，2 月 27 日，周云杰去了趟杭州。此后，阿里巴巴的投资部门也加入了谈判，陆陆续续谈了一年。

在谈判期间，阿里巴巴对海尔的物流体系做了更细致的观察。阿里巴巴在自己的数据中，调取出了收货人在乡村的订单，还调取了新疆、西藏这种地广人稀的偏远省份的信息。通过做压力测试，观察海尔在促销、订单量剧增的情况下，物流的数据如何、用户有什么反馈。最后得出的结论，是海尔的物流服务非常到位给力。

最终，双方达成合作意向，并实现了合作目标。对海尔的投资成功之后，阿里巴巴的菜鸟物流更加完善，也补足了大件物流和农村市场的空缺。

阿里巴巴投资魅族科技

魅族科技是著名的智能手机厂商。2015 年 2 月 9 日，阿里巴巴宣布斥资 5.9 亿美元入股魅族科技，并获得魅族 29.34% 的股权。同时，海通开元基金也宣布要投资魅族科技 6000 万美元。值得注意的是，这是魅族第一次引入战略投资者，也是阿里巴巴自美国上市以来金额最大的一笔投资。

　　双方合作以后，阿里巴巴将在电商、互联网、移动互联网服务、智能手机系统方面、数据分析及支付等方面，为魅族提供资源与支持，极大地提升了魅族的整体实力；而魅族将在智能手机系统的推广、针对硬件和用户在视觉和交互上的定制化、市场策略、线下销售渠道方面，为阿里巴巴提供支持与帮助，从而延伸了阿里巴巴在移动互联网方面的优势。

　　魅族是阿里巴巴 2015 年入股的一家手机公司，魅族对阿里巴巴来说意义不同，因为，YunOS 是阿里巴巴自主研发的一套操作系统。在 YunOS 五周年时，阿里巴巴曾经表示它已经成为继 iOS 和安卓之外全球第三大操作系统。魅族也只是阿里巴巴合作的几家手机厂商之一，类似朵唯、已经倒闭的大可乐等手机品牌都是 YunOS 扶持的手机厂商。阿里巴巴这么做的目的自然非常明确，就是要获取足够多的市场份额，成为移动端领域一支不可忽视的力量，这为阿里巴巴的其他业务与移动端的合作打下了基础。

　　"对魅族的投资，代表了阿里巴巴生态系统的一次重要扩张，也是我们移动战略的重要一步，以此给用户带来更丰富的移动产品和体验。"阿里巴巴集团 CTO 王坚表示。

　　其实，阿里巴巴与魅族的合作早在 2014 年就开始了。当年 10 月份，王坚就与魅族的创始人黄章进行面谈，商量合作事宜。此后不久，阿里巴巴便与魅族在北京联合举行名为"一起久久"的发布会，推出基于 YunOS 的操作系统 Flyme。魅族 MX4 成为首款搭载基于阿里 YunOS 底层的 Flyme 系统手机。

　　2015 年 10 月的时候，阿里巴巴和魅族推出了首款联合定制产品魅蓝 metal。在硬件配置方面，魅蓝 metal 采用 5.5 英寸 1080p 显示屏，搭载联发科 Helio X10 八核处理器、2GB 运行内存和 16GB/32GB 内部存储空间，支持最大 128GB microSD 卡扩展；配备了 1300 万像素后置摄像头和 500 万像素的前置摄像头、双色温闪光灯，支持此前在魅族高端子品牌首款机型 PRO 5 中，使用的 PDAF 相位对焦功能。

魅蓝 metal 采用 3140mAh 容量电池，但并不支持搭载于魅族中高端产品线的 mCharge 快充功能。同时，魅蓝 metal 支持双卡双待双 4G，也支持与 MX5 相同型号的 mTouch 指纹识别功能，而这也让其成为魅蓝系列中首款支持这一功能的机型。

在软件方面，魅蓝 metal 所搭载的操作系统是基于 YunOS 3.1.6 系统开发的 Flyme 5.1。

从硬件配置的角度来说，魅蓝 metal 对于消费者的诚意足够深，但其更大的"诚意"似乎来自软件层面，而这显然面向的是阿里巴巴。阿里巴巴的 YunOS 从底层彻底替换了 Android。而且，魅族即将全线升级 Flyme 5.1。这也就意味着，魅族的全线智能手机产品将全面融入阿里巴巴的生态体系，其中既包括 YunOS，也包括其他阿里巴巴旗下的应用及服务。

这对于曾被资金和资源束缚住手脚但又心怀理想的魅族来说，可能是一个不情不愿却又无可奈何的结局。但对于阿里巴巴来说，则是实现了投资的目的。

马云：与苏宁合作像结婚

在"互联网＋"的十字路口，马云敏锐地做出选择，从线上走到线下，寻找适合自己的强大盟友。这次，马云选择了张近东的苏宁云商集团股份有限公司（下称"苏宁"）。

2015 年 8 月 10 日，阿里巴巴与苏宁共同宣布达成全面战略合作。根据协议，阿里巴巴以 283.4 亿元人民币投资苏宁，占增发后总股本的 19.99%，成为苏宁的第二大股东。与此同时，苏宁将以 140 亿元人民币认购不超过 2780 万股的阿里巴巴新发行股份。

在发布会上，马云表示，此次阿里巴巴入股苏宁283.4亿仅谈判了2个月，过程中几乎没插手年轻的操作团队。而今天，他终于走进期待不太久的苏宁，个人的感觉跟自己的婚礼似的。

张近东表示，这是苏宁第一次股权给战略投资者，是自己深思熟虑的结果，选择阿里是考虑到线上线下的未来的趋势。他说："阿里和苏宁，一个从线上走向线下，一个从线下走向线上。双方都走到了互联网＋的十字路口，在这个风云际会的历史关口，要么彼此冲撞，此消彼长；要么彼此融通，相得益彰。我和马总同处江浙一带，长期以来惺惺相惜。在这件事上总共也只见过两次面，但我们可谓心有灵犀，所见略同，所以很快就达成了共识。我们一致认为线上线下融合一定是未来发展的趋势，这不仅是苏宁和阿里的选择，更是用户的选择。"

马云则表示："我相信阿里和苏宁的合作，不仅能够帮助把苏宁原来的货卖得更好，还能够让天猫、淘宝、阿里巴巴平台上商家的货卖得更好，让商家有更好的利益，让各种各样的家电、智能产品、供应链上的伙伴共赢，以服务消费者为目的，推动整个生产制造业的转型。"

可见，对于马云和张近东来说，这是双方都非常有利的战略合作。

首先，通过双方的优势整合，创新O2O运营模式，强大自身，占据先机。对于苏宁而言，与阿里巴巴联姻的结果是获得了超过3.5亿的活跃买家；对阿里巴巴而言，除了体系的搭建，农村包围城市战术演化是O2O发展的关键，苏宁门店的资源以及服务均为商户提供了丰富的展示和维修服务。双方间的合作起到了协同效应，对于双方市场份额也有着非常强的促进意义，对O2O而言，有着历史性的意义。

其次，打通线上线下渠道是双方的重头戏，苏宁辐射全国的1600多家线下门店、3000多家售后服务网点、5000个加盟服务商以及下沉到四五线城市的服务站，将与阿里巴巴强大的线上体系实现无缝对接。对于双方的合作，阿里巴巴集团的CEO张勇说："苏宁电商能够入驻天猫一定能给天猫的消费者带来崭新的一种不一样的用户体验，另外一方面，苏宁建设已久的物流体系向我们阿里平台上的商家开放，我们就能用到苏宁高质量的物流服务。苏宁的门店向我们所有的商户开放以后，能够在数据打通的基础上，在线上线下全渠道地为消费者提供最佳的体验。"

我们可以想象一下：以后消费者可以在线上挑选电器，选中之后可以直接去最近的苏宁门店看实物，如果确实满意则可以确认下单，用支付宝付款（可以下单时付款，也可以货到付款），随后由苏宁物流送货到家。这样一来，阿里系在国内的电商生态构建环节又迈进了一大步。

最后，阿里和苏宁通过全面落实国家"互联网+"战略，打通线上线下并全面提升了效率，为中国及全球消费者提供更加完善的商业服务。

互联网公司不进入线下，就没有未来

马云曾经说过："我们相信，未来二三十年，如果像阿里巴巴这样的互联网公司不进入线下，不和线下结合，不和线下融合，是不会有未来的。"

马云认为，互联网企业必须虚实结合才能活得更好。互联网企业很少有活过3年以上的，即使活过了3年，也过得很辛苦。但同时，由于电商的冲击，传统行业过得更辛苦。即使都很辛苦，那么结合在一起就会好很多。

基于这样的认知，马云加大了对传统线下项目的投资。比如上面说到的苏宁就是很好的例子。同时，马云还从零售和批发两个方面加快了融入线下的步伐。

在零售方面，马云主打天猫超市。这是阿里巴巴全力打造的网上超市，主要为消费者提供休闲零食、粮油米面、进口食品、家清个护、家居百货、母婴等商品，承诺正品保障。更有送货上楼、次日达、夜间配等服务。

虽然天猫超市刚上线的时候发展很不好，但从 2015 年开始，马云逐渐加大了天猫超市的投资力度，试图从零售领域打开线下的缺口。

2015 年 9 月 24 日，阿里巴巴集团启动了"杭州＋北京"的双主场战略。从 9 月 25 日至 10 月 9 日，天猫携手苏宁，集合数码家电知名品牌热销机型大力度促销，并且在活动期间，北京地区的用户有机会参与领取 100 元的消费红包，红包总额超过了 10 亿元，而且还享受菜鸟网络"当日达"服务。

从 2016 年 3 月 8 日起，天猫超市将 10 亿元红包资源和百万份一分钱的产品投向北京、上海、广州、深圳、杭州五个城市。

除了天猫超市，京东超市、1 号店都在为线下发力，这极大地蚕食了线下实体商超份额，给线下实体店带来了巨大的冲击。

在批发方面，马云也开始了线下的融入行动。

2016 年 1 月 10 日，在杭州举办的"全球 B2B 生态峰会"上，阿里巴巴 B2B 事业群宣布开启"溯源批发"项目，并启动城市合伙人计划。阿里巴巴 B2B 事业群销售服务总经理余涌解释："该项目将为城市零售店提供货源、配送、金融等一系列服务，同时也为有志于线上线下零售业的城市青年提供创业平台。这一项目的启动，对线下批发商造成了巨大的冲击。"

刚开始，阿里巴巴组建了一个拥有近千人的合伙人团队，这些团队中的大部分人来自阿里最具地推能力的"中供铁军"。

每个合伙人"承包"一个直径 2 公里的区域，这个区域内的小店都是这位合伙人的客户。他可以为小店提供各种服务，包括商品批发、商品配送、金融贷款等，而这些都由阿里巴巴背书。而且城市合伙人项目将给供货商品打上"阿里巴巴"标志，如果商品出现问题，阿里巴巴将先行赔付。这样一来，就比当地的批发商更具有竞争力。

马云的融入线下行动如火如荼，这将给互联网公司指明了方向，也将给中国经济带来一场革命。这场革命，伴随的肯定是互联网人的崛起和传统人的被大量淘汰！

第 4 章

掌控媒体，打造阿里帝国的强大喉舌

马云重视媒体，也偏爱媒体。比如影视业，所以媒体是马云投资的重点领域之一。特别是 2015 年，马云对媒体频频出手，以至于人们惊呼：马云要成为"中国的默多克"，要打造一个中国的彭博社。

投资社交媒体，占领社交高地

阿里巴巴在社交方面一直是短板，在互联网社交大战中，不管是早期的阿里旺旺，还是后来的"来往"几乎都没有取得明显的效果，这也理所当然成了马云的一块心病。腾讯的 QQ 和微信给马云带来了巨大的压力，为了弥补阿里巴巴的短板，马云先后投资了陌陌和微博。

陌陌是一款基于地理位置的移动社交工具。使用者可以通过陌陌认识附近的人，免费发送文字消息、语音、照片以及精准的地理位置，可以和身边的人更好地交流；还可以使用陌陌创建和加入附近的兴趣小组、留言以及附近活动和陌陌吧。

2012 年 7 月，阿里巴巴斥资 1500 万元美元投资陌陌。马云投资陌陌的目的至少有两个，第一是为了与腾讯在社交领域的竞争；第二是为了发展社交电商。

2013 年 10 月，阿里巴巴又向陌陌投资了 1000 万美元。至此，阿里巴巴成了陌陌最大的机构股东，占股比例达到了 20.7%。

马云非常重视陌陌，在前后两次注资后，2016 年 3 月份又传出一份消息：阿里巴巴要全资收购陌陌。

除了陌陌，马云的第二个目标就是微博。

2013 年 4 月，阿里巴巴用 5.86 亿美元收购了新浪微博的优先股和普通股，并占其约 18% 的股份。

在投资微博的过程中，双方进行了激烈的博弈。马云本来的想法是全盘收购微博，但遭到了新浪董事长曹国伟的激烈反对。曹国伟打算让微博独立上市，他希望找一位实力雄厚并能业务互补的战略投资者，而不是给微博找一位新主人。

谈判陷入了僵局。面对态度强硬的曹国伟，马云做出了让步，由全盘收购改为了控股。但曹国伟还是坚持不松口。对于曹国伟来说，微博就是新浪公司最宝贵、潜力最大的资源，他是绝对不会放弃的。

马云面临两难，再度让步还是放弃？最终，在谈判陷入僵局不久之后，马云做出了选择，接受了曹国伟的意见，放弃了控股的想法，以战略投资者的身份进入新浪微博。

占领了微博与陌陌这两块社交高地后，马云在一定程度上弥补了阿里巴巴的社交短板，拉近了与竞争对手腾讯之间的距离。

但是，马云并没有放松追赶的脚步。2013 年 8 月至 2014 年 6 月，阿里巴巴分三次，以约 43.5 亿美元的中国互联网行业并购的最高价，将 UC 浏览器全资收购。

马云继续增强阿里巴巴在社交领域的实力。这次他把眼光瞄准了国外。2015 年 3 月，阿里巴巴 2 亿美元投资了 Snapchat。Snapchat 是一款由斯坦福大学两位学生开发的"阅后即焚"照片分享应用。私密性是该应用的最大特点。它最主要的功能便是所有照片都有一个 1—10 秒的生命期，用户拍了照片发送给好友后，这些照片会根据用户所预先设定的时间按时自动销毁。而且，如果接收方在此期间试图进行截图，用户也会得到通知。

Snapchat 的主要使用群体是 13—25 岁的青少年。阿里巴巴投资 Snapchat 可以看作是为进军美国零售业铺路，吸引青少年用户群。另外，也有竞争方面的考虑，因为腾讯也是 Snapchat 的投资方之一。

大肆收购传统媒体

传统媒体也是马云投资的重点领域。在新媒体的冲击下，传统媒体的境况日趋艰难，前景一片黯淡。在这种情况下，马云为什么要大肆投资这一领域呢？当然，马云具体怎么想的他不说没有人知道，但有几点比较明确。一是传统媒体非常便宜，境况不好身价自然就低了；二是传统媒体如果能很好地转型，并结合互联网的发展，还有前途，而阿里巴巴正是掌握互联网资源最丰富的公司之一；三是媒体的特殊性，因为，它们具有很强的舆论导向作用。

马云最早投资的传统媒体是《商业评论》杂志。2013 年 4 月，阿里巴巴成了《商业评论》杂志的战略合作者。当时，阿里巴巴投资《商业评论》杂志被认为是其加入推动传统媒体变革行列的标志。

到 2015 年的时候，马云对传统媒体的投资突然提速，频频出手，与多家传统媒体进行战略合作，或者把其收入麾下。

2015 年 5 月，阿里巴巴投资了北青社区报。

2015 年 6 月，阿里巴巴投资 12 亿元，成为第一财经传媒（CBN）的第二大股东，所占股份为 36.74%。

第一财经是中国最具影响力、品种最完整的财经媒体集团，隶属于中国第二大传媒集团——上海东方传媒集团（SMG）。第一财经是包括电视、杂志、报纸在内的全媒体、全牌照。对应到这次合作，双方的目的是打造基于大数据的"金融数据服务商"。

马云对与第一财经合作的期望很高，他表示双方的合作非常有价值，并期待能够打造属于中国的"华尔街日报和彭博社。"

2015 年 7 月，阿里巴巴入股博雅天下。博雅天下主要是运营《博客天下》、《财经天下》和《人物》三本杂志，以及咋整科技等。

2015 年 9 月，阿里巴巴联手财讯集团、新疆网信办创办"无界传媒"。"无界传媒"已经形成无界新闻、无界智库、无界新辉大数据、无界基金、无界新盟文化等五大版块布局。2015 年 9 月 16 日，无界新闻客户端宣布上线，定位为"一带一路"时政、商业国际化新媒体机构，追求"极致挖掘、极致传播"。

2015 年 10 月，阿里巴巴联手四川日报报业集团华西都市报社成立"封面传媒"，着力打造强调"个性化定制"的新型主流媒体。

2015 年 12 月 11 日，阿里巴巴在香港宣布，与南华早报集团达成协议，收购《南华早报》以及南华早报集团旗下的其他媒体资产。南华早报集团成立于 1903 年，是仅存的最古老的现代新闻报之一。它最大的特点是坚持以英语报道中国，在香港、东南亚及英语世界有着广泛的影响力，是国外了解中国的重要"入口"之一。

对于马云来说，收购《南华早报》这样影响力较大的媒体，无疑能够更好地提升阿里巴巴的品牌形象；同时，也能把阿里巴巴的互联网优势与《南华早报》的采编优势结合到一起，打造一个让英语世界了解中国的优质窗口。

布局科技媒体

随着互联网的快速发展，以及媒体环境的变迁，新型科技媒体喷薄而出。对于科技媒体的布局，阿里巴巴主要从以下几个方面展开，但大多数效果不是很好。

早在 2013 年，阿里巴巴就通过旗下的子公司对科技媒体进行布局。钛媒体、猎云网的天使轮机构都有阿里巴巴的身影。

2014 年 6 月 6 日，阿里巴巴通过其旗下的上海云鑫投资管理有限公司对商业资讯网站虎嗅网进行投资。投资额为 2000 多万元，占股比例为 15%。虎嗅网是一个聚合优质创新信息与人群的新媒体平台。这个平台专注于贡献原创、深度、犀利优质的商业资讯、围绕创新创业的观点剖析与交流。其新颖的媒体形式吸引了阿里巴巴。

2015 年 10 月份，蚂蚁金服与 36 氪达成战略合作关系。这是马云在科技媒体方面比较成功的布局。

重金投资影视传媒行业

马云非常喜欢看电影，尤其是喜欢看第二次世界大战时期的影片。有的影片看完之后还会再看一遍。而且，马云与影视界的许多大佬关系很好。也许是个人喜好的原因，马云在影视传媒方面也下了重注。

2014 年 3 月，阿里巴巴斥资 62.44 亿港元收购了文化中国 60% 的股权。文化中国主要包括影视制作、手机游戏、电视广告，以及报纸杂志等业务。当年 5 月，阿里巴巴在文化中国的基础上成立阿里影业。阿里巴巴的娱乐帝国已渐具雏形。

马云曾经说过："我个人越来越觉得，文化产业值得去做。如果文化产业不起来，中国就是个暴发户式的国家，不能持久。希望中国也能有像华纳兄弟那样的公司。"对于马云而言，也许阿里影业的未来就是中国的"华纳兄弟"。

2014 年 4 月，阿里巴巴和旗下的云锋基金共同为优酷土豆注资 12.2 亿美元，占股比例为 18.5%。时隔不到两年，也就是 2016 年 3 月 15 日，马云更是展现大手笔，宣布完全收购优酷土豆（2015 年 8 月 6 日更名为合一集团）。

被阿里巴巴收购后，优酷土豆仍保持独立运营，管理团队架构、现有项目推进、对外合作等都保持不变，古永锵仍然担任集团董事长兼 CEO。

2014 年 4 月，马云联手史玉柱收购了华数传媒 40% 的股权，而付出的代价是 65.36 亿元人民币。华数传媒拥有全国最大的数字化节目内容和媒体资源库，其业务包括电视、互动电视、互联网电视、有线网络、IPTV 等，固定用户达到2000 万，是中国七个互联网电视播控牌照持有者之一。

虽然是上市公司，而且也拥有垄断性资源，但华数传媒的现金流一直很紧张。马云入股能极大地缓解其资金紧张的局面。

对于马云来说，看中的当然是华数传媒丰富的资源。如果能够把这些资源与阿里系的庞大互联网资源深入结合，未来不可限量。

2014 年 11 月，阿里巴巴和腾讯联合向华谊兄弟电影公司投资 36 亿元。其实，马云与华谊兄弟早就有合作，2005 年投资华谊兄弟时，就收获颇丰。

2015 年 3 月 4 日，光线传媒发布公告称，阿里巴巴将以 24 亿元入股光线传媒，占股比例为 8.8%，成为光线传媒的第二大股东。这也是继 2014 年入股华谊兄弟后，阿里巴巴集团加速布局影视媒体产业的又一个大动作。

光线传媒是中国最大的民营传媒娱乐集团，主营业务包括电视节目制作与发行，电影投资、制作、宣发；电视剧投资、发行，艺人经纪；新媒体互联网、游戏等。在各大互联网巨头纷纷布局内容产业的大背景下，光线传媒的资源成了各家争夺的对象。阿里巴巴入股光线传媒，不仅是看重它在中国电影市场的巨大发展空间，同时也显示出了阿里巴巴在影视行业的强大布局。

根据资料显示，2014 年，全国电影总票房达到 296.39 亿元，而民营影视票房冠军就是光线传媒，同时，光线传媒出品的多部电影均打入国产电影的前十名，可以说，光线传媒近年来优异的表现与阿里巴巴有很大关系。

对于阿里巴巴而言，电影只是其业务链的一小部分，它入股光线传媒主要是看中里面几亿活跃交易的人群。通过电影这扇门，可以把金融、视频、游戏、周边商品等业务顺利地连接起来。而对于光线传媒而言，能找到阿里巴巴这样财大气粗的股东，对公司未来的发展非常有利。

光线传媒是马云布局影视业的重要一环。他说，在创业遇到挫折时，是电影《阿甘正传》的鼓励，让他坚持了下来。他用这个故事解释了自己在电影行业的投资：不是为了赚钱，而是一份情怀。在马云看来，中国必须有自己的文化产业，才能立足于世界，娱乐文化可能是最好的方式。

在影视传媒行业，马云还涉足了音乐。2015 年 3 月 16 日阿里巴巴成立了阿里音乐，主要由阿里巴巴集团旗下两款音乐服务应用——虾米音乐、天天动听构成。根据比达咨询 2014 年度调查数据显示，在中国数字音乐平台的市场份额中，阿里音乐达到了 21.9%，成了中国数字音乐行业的第一。

2015 年 7 月，高晓松和恒大音乐董事长宋柯加盟阿里音乐，前者任董事长，后者任 CEO。2015 年 12 月 29 日，何炅也加入阿里音乐，并出任 CCO。

2016 年 4 月 15 日，阿里音乐正式推出全新平台——阿里星球。上线当日，国民男神李易峰入驻阿里星球。

通过一系列的资本运作，马云的阿里传媒王国逐渐成形并合围，并完成了社交、娱乐、电商的一体化布局，从而"实现了打造中国领先数字娱乐平台的梦想"。

第 5 章

布局 O2O：阿里杀入生活服务领域的"红海"

随着移动互联网的快速发展，给本地生活服务电商带来了巨大的商机。马云当然不会放过这样的机会。从地图服务入口、饮食外卖、健康医疗，到婚庆、旅游、家装等方面，马云都进行了精心的布局。

收购高德地图、快的打车

为了给阿里巴巴旗下的各类服务带来更好的用户黏性和口碑，马云以本地生活服务为切入点，紧密围绕本地化的发展方向，竭力打造国内最大的本地化生活服务平台。阿里巴巴 2006 年收购口碑网、2011 年入股美团网都是围绕这个目标进行布局。随后又投资了快的打车和高德地图。

打车是一个移动支付常用的入口。2013 年 4 月，阿里巴巴向快的打车投资了数百万人民币。而作为竞争对手的滴滴打车（2014 年 5 月更名为滴滴出行）则获得了腾讯的投资。

快的打车和滴滴打车在得到阿里巴巴和腾讯的巨额投资后，展开了一场如火如荼的"烧钱大战"。腾讯方面表示，乘客只要使用滴滴打车叫车并使用微信支付就可获得 10 元的补贴，同时司机也可获得相应补贴；阿里巴巴方面表示，乘客只需要使用快的叫车并使用支付宝在线支付就可以获得 11 元的补贴，司机也有相应补贴。对此，快的打车的官方人士称："补贴永远比同行多 1 元。"此后，价格战不断升级。

最终，为了避免过度竞争，阿里巴巴和腾讯都做出了让步。2015 年 2 月 14 日，快的打车和滴滴出行正式合并，新公司实施了 Co-CEO 制度，滴滴出行 CEO 程维及快的打车 CEO 吕传伟同时担任联合 CEO，业务方面两个公司都是独立运作。

除了打车，地图服务也是整个 O2O 产业链的重要入口，马云深知这一点。于是，阿里巴巴在 2013 年 5 月，以 2.94 亿美元收购了高德地图 28% 的股份，成了高德地图的第一大股东。

高德地图是国内一流的免费地图导航产品，也是基于位置生活服务功能最全面、信息最丰富的手机地图。高德地图采用领先的技术为用户打造了最好用的"活地图"，不管在哪、去哪、找哪、怎么去、想干什么，一图在手，统统搞定，省电省流量更省钱，堪称最完美的生活出行软件。

其实，在阿里巴巴出手之前，百度就已经与高德方面谈了快一年，就差签合同了。马云这边听到了消息，做出决策的当天，就立刻从杭州飞到北京。一个见面之后，高德方面就决定转投阿里巴巴门下，与百度不再合作。

2014 年 4 月，阿里巴巴以 10.45 亿美元收购了高德地图的剩余股份。最终，高德地图成为阿里巴巴的全资子公司。阿里巴巴为此付出了 13.39 亿美元的代价。高德地图补充了阿里巴巴在移动端的短板，使得阿里巴巴在商铺信息、地理位置、商品信息、销售支付、物流配送等各个环节形成了完整链条，给其 O2O 版图带来无尽想象的可能。

成立新口碑网

2015 年 6 月 23 日，阿里巴巴和蚂蚁金服联合宣布，将分别投资 30 亿元，共计 60 亿元，成立一家本地生活服务平台公司——口碑网，阿里巴巴和蚂蚁金服将各自拥有该公司 50% 的股权。蔡崇信担任口碑网的董事长。蔡崇信的出任，证明了阿里巴巴为打开本地生活服务市场已经铆足了劲，尽管在这片"土地上"，百度和腾讯早已派出"精兵"，但阿里巴巴这位姗姗来迟的"大将"，立志要在此杀出一条血路！

其实，早在 2013 年年底，阿里巴巴就成立了淘点点，主要为用户提供各种餐馆点菜、预订、买单、外卖等服务。阿里巴巴原本是希望以淘点点作为"排头兵"，撬动起生活服务的 O2O 版图，但淘点点的发展却并不尽如人意，一直做得不温不火，而竞争对手美团却做得风生水起。于是，阿里巴巴又投资了美团。2014 年，美团 CEO 王兴曾公开表示，阿里巴巴拥有美团 10% 至 15% 的股权。在经过多次稀释后，阿里巴巴占有美团点评（2015 年 10 月美团和大众点评合并，腾讯成了最大的股东）的股权约 7%。2016 年 1 月，阿里巴巴以 9 亿美元的价格出售了所持有的美团点评的股份。

美团一直坚持独立发展，而阿里巴巴则希望掌控美团，同时阿里巴巴也拥有聚划算，所以双方分道扬镳也理所当然。从美团点评抽身的阿里巴巴则可以专心做口碑网。

2015 年 7 月 28 日，淘点点 App 正式变身口碑外卖，这个阿里最早创办的 O2O 外卖平台正式归入口碑网。至此，口碑网全面打通了淘点点、支付宝、手机淘宝三大阿里系的超级 App。

口碑网主要专注于线下的本地生活服务生态建设，初期从餐饮服务开始，随后线下的商超、医疗、售货机等行业的商户和团队，也会逐步整合到口碑网的服务中。马云要打造的是一个全方位、多层次的本地生活服务平台。

同时，为了壮大口碑网，阿里巴巴向"饿了么"投资了 12.5 亿美元。蔡崇信进入了"饿了么"董事会，担任董事。

对于马云来说，口碑网承载着太多的希望。

第一，百度的 CEO 李彦宏认为，中国本地生活服务市场空间高达 1.6 万亿美元。这么大的一块蛋糕，马云当然不会放过。虽然这个领域已经盘踞着两个巨头——腾讯系的美团点评、百度系的糯米，但马云希望凭借着阿里巴巴强劲而雄厚的实力切得一块大蛋糕。

第二，因为假货泛滥，淘宝这个曾经让马云引以为傲的 B2C 平台，如今却成了马云最头疼的隐患。从 B2C 到 O2O，马云希望口碑网成为阿里产业转型的突破口，成为其开辟用户流量的全新渠道。

第三，随着移动互联网的到来，O2O 给移动支付带来了新的机会与变数。第三方支付和 O2O 相互依存，没有第三方支付，O2O 无法打通交易闭环；而没有 O2O，第三方支付也很难进一步发展壮大。支付宝要想继续保持自己在互联网金融的王者地位，就必须要拥有 O2O 平台的支撑。马云希望通过口碑网稳固支付宝的地位。

投资健康医疗领域

健康医疗也是马云布局 O2O 领域的重要板块。他曾经表示："未来投资健康和快乐最赚钱。"2014 年 1 月，阿里巴巴曾宣布联手云锋基金耗资 10.37 亿人民币收购中信 21 世纪，随后，将后者更名为"阿里健康"，正式吹响进军健康医疗领域的号角。

2014 年 5 月，阿里启动"未来医院"计划，主要是改造传统医院的就医情况，利用支付宝钱包进行挂号、就诊、医患互动等。这一计划发布后，广州市妇女儿童医疗中心成为首家接入的医疗机构。浙江大学附属邵逸夫医院是杭州第一家、全国第五家接入的医疗机构。用户在支付宝钱包中添加医院服务号，并实名绑定后可直接挂号，并能查看到每个科室正在就诊的号数，快排到自己时再去医院。就诊中，患者在支付宝钱包内就能完成医疗费用支付，不用排队交费。检验报告形成后，也无须去医院打印，可用手机查看。

2015 年 4 月 1 日，阿里健康云医院服务正式上线，其中只有抽血等六个环节需要到医院进行，其余全部可以线上完成。

中国的大型医疗机构，一般都有医院信息系统，即 HIS 系统（全称为 Hospital Information System）。这是医院的日常办公系统，可以记录病人就诊、检验、医生处方等情况，使医院办公实现信息化。HIS 系统的价格比较昂贵，有些大医院的系统甚至需要上千万元，中小医疗机构一般买不起，因此，很多中小医疗机构都采用纸质病历来记录病人的就诊情况。

阿里健康瞄准的正是这块市场，做法是依托阿里云平台，为中小型医疗机构提供免费的云 HIS 信息系统。

2015 年 4 月 15 日，天猫在线医药业务被并入阿里健康。阿里巴巴开始整合、打通医疗健康产业的全链条。

天猫平台上有 186 家药房在销售非处方药、医疗器械、隐形眼镜和其他保健产品。2014 年 3 月至 2015 年 3 月，天猫在线医药业务的总商品交易额达到了 47.4 亿元人民币。天猫在线医药业务的注入，为阿里健康解决了流量来源和同行业的竞争问题。

当然，健康医疗领域的阻力和风险也是非常大的，这对马云来说是一个巨大的挑战。

投资热门日常消费市场

马云在生活服务领域的布局是全方位的，除了地图服务、餐饮、健康医疗，还有婚庆、旅游、家装等热门市场。

在婚庆方面，阿里巴巴在 2014 年 8 月，将淘宝婚庆平台升级为婚庆 O2O 平台的"婚伴"，旨在提供高品质的个性化定制服务。

阿里巴巴在杭州设立了"婚伴 O2O 体验馆"。这对于商家而言，一是将线上与线下打通融合。由于天猫商家直接入驻线下，做到了流量线上线下互通，交易点评线上线下同步。二是零门槛入驻，押金 + 佣金提成的电商成本模式。这种模式大大减轻了商家前期的入驻成本，消除商家对商业地段高租金的顾虑。三是无线货架与导购工具结合，去除门店收银体系，线上浏览、线下体验，或线下体验、无线下单，无缝对接线上线下的流量承接。

这对于消费者而言，一是满足了其一站式的采购需求。二是让其尊享 VIP 服务保障，线上抢先预定新款结婚礼服的试穿、试戴、试拍，线下享受顾问式的体验服务。三是价格线上线下同步尽享消费透明，线下也能享受支付宝的保障体系。

在旅游方面，2014 年 10 月，阿里巴巴将航旅事业部提升为航旅事业群，淘宝旅行升级为独立品牌"去啊"，并且向用户提供酒店后付、旅游宝、机票预售等多项服务。"去啊"主要是依托阿里巴巴的数据和平台优势，推出一系列"未来系"产品，从而从在线旅游市场中切取蛋糕。

2015 年年初，在蚂蚁金服的芝麻信用开始公测一天之后，"去啊"就推出"信用住"产品，随后在 3 月 30 日推出"未来酒店"。接着，"去啊"与新加坡、卢森堡合作，推出"信用签证"，用支付宝信用替代部分送签材料。7 月，"去啊"推出"未来景区"，与华侨城签订战略合作协议，华侨城景区将实现"先入园，后付款"的"信用游"。

对于阿里巴巴而言，"去啊"不仅承载着其对旅游电商的期望，还有其构建线下服务生态的寄托。

在家装方面，2015 年 3 月 17 日，阿里巴巴上线"极有家"家装 O2O 平台，主要围绕设计、产品、装修和社区四方面展开。

"极有家"主要有 7 个频道，分类精细化，页面直观便捷。这 7 个频道为灵感美图、值得买、家居社区、找设计、装修材料、软装家居、生活百货。

对于消费者而言，在"极有家"平台上，可以探索装修灵感、挑选设计师和装修公司，也可以搭配购买家具家纺家饰，补充生活百货。

对于众多入驻"极有家"的卖家而言，依靠淘宝的推广宣传和巨大流量，能最大限度地实现突破。

随着生活服务领域布局的展开，O2O 平台的逐渐增加，马云打造的阿里巴巴大型互联网生态系统日趋完善了起来。

PART 8

跨境电商战略：阿里系如何布局世界

跨境电商是马云一直努力的方向，也只有把生意做到了全世界，他才会真正实现"至少存活102年""让天下没有难做的生意"的终极目标。虽然要面对国外电商巨头的竞争以及国家制度的限制，但通过在亚洲、美洲、欧洲的布局，阿里巴巴的跨境电商已经初具规模。

第 1 章

打造国际版 **B2B**、**C2C**、**B2C**

对于阿里巴巴的跨境电商战略，从平台的角度，马云主要是延伸了国内 B2B、C2C、B2C 模式，先后打造了阿里巴巴国际站、全球速卖通、天猫国际。

阿里巴巴国际站

阿里巴巴国际站（www.alibaba.com）1999 年正式上线，主要是为了帮助中小企业拓展国际贸易。企业可以通过它向海外买家展示、推广自己和产品，进而获得贸易商机和订单。它是出口企业拓展国际贸易的首选网络平台。

阿里巴巴的国际站和国内站都是 B2B 信息平台，其主要区别在于阿里巴巴对两个平台的定位，中国站肯定是针对国内宣传，因此关注这个平台的多是国内的商家，而国际站的宣传方向主要针对国外，其关注者主要是国外的商家和国内做外贸的商家。在这两个平台上，供应商都可以通过发布供求信息以期达到宣传或销售的目的，至于实际的交易方式双方可自由选择，可线上也可线下。

站在商家的角度，如果做出口生意，主要客户是国外客户，那么就要选择阿里巴巴国际站做营销推广；如果做国内生意，主要客户是国内客户，那么就要选择阿里巴巴中国站做营销推广。

阿里巴巴国际站的会员有两种：一是出口通会员，另一种是全球宝会员。全球宝可以理解为出口通的一种升级。

通过阿里巴巴国际站，会员主要可以做以下工作：

1. 可以把企业的资料登录 Alibaba 国际站的公司库，买家可以通过关键词搜索或进入相关类目搜索到企业的资料。

2．可以在 Alibaba 国际站展示产品资料，买家可以通过关键词搜索或进入相关类目搜索会员所展示的产品资料。

3．可以在 Alibaba 国际站发布供应信息，买家可以通过关键词搜索或进入相关类目搜索到会员发布的信息。

4．可以通过登录 Alibaba 国际站"My Alibaba"后台，管理公司资料、产品信息和发布的供求信息。

5．登录 Alibaba 国际站后，可以浏览 Alibaba 国际站上的供求信息栏目的内容，向目标买家发送报价。

6．登录 Alibaba 国际站后，每天可以向 200 个买家会员发送供货信息。

阿里巴巴国际站的沟通工具是阿里旺旺国际版 TradeManager，即国际站旺旺。会员通过 TradeManager 就能与买家实时沟通，并且能够通过它来管理联系人，查看聊天记录等。TradeManager 有一个多语言翻译助手，当会员使用 TradeManager 和外国人聊天的时候，只要输入汉字，发送消息的时候软件会自动把汉字翻译成外国人使用的语言发送出去，当接收到外国人发送过来消息时，会自动翻译成汉语进行显示。

全球速卖通

全球速卖通 2010 年 4 月正式上线，被人们称为国际版淘宝。全球速卖通面向海外买家，通过支付宝国际账户进行担保交易，并使用国际快递发货。现在，全球速卖通已经成了全球第三大英文在线购物网站。

由于是针对国外的买家，所以速卖通对于产品有一定的要求，至少产品的利润要足够承担国际物流的成本，一般针对的商品为首饰、数码产品、电脑硬件、手机及配件、服饰、化妆品、工艺品、体育与旅游用品等。

为了方便卖家，速卖通提供了一种产品发布工具——淘代销。它可以帮助卖家将淘宝宝贝自动翻译成英文，发布到海外。这个工具用起来非常简单，只需输入掌柜昵称、宝贝链接或者一个宝贝名称的搜索结果页面的链接，淘代销就自动完成翻译，接下来只需要补全一些基本信息就可以发布了。

速卖通入驻以及后续的发布商品、开店都是免费的，只有在交易成功之后，收取交易额 5% 的手续费。

速卖通的在线沟通工具和阿里巴巴国际站一样，都使用 TradeManager。

由于国外对假货的限制很严，以及人们对产品质量的要求也越来越高，阿里巴巴在 2016 年，重新定位了速卖通的平台使命，将"货通天下"升级为"好货通，天下乐"。同时，抬高了速卖通入驻的门槛，必须具有企业身份和品牌资质。

2016 年 3 月 23 日，速卖通正式发布通告，将对速卖通平台内卖家设立企业身份的准入门槛，对于在 2016 年 8 月 15 日前，仍无法完成升级企业身份认证的个人身份认证卖家，速卖通将下架其在线商品并取消其平台的经营权限。同时，从 2016 年 4 月 1 日开始，新卖家在入驻时需要有企业身份、不再允许个人（包括个体工商户）卖家入驻。同时，类目准入也需要企业身份的账号才能申请。

另外，品牌资质也成了入驻速卖通的一道门槛。从 2016 年 4 月份开始，速卖通会分行业逐步对卖家售卖的商品有品牌资质要求。

从短期来说，企业身份和品牌资质的要求给小卖家造成了困难，但从长远来看，这是顺应时代趋势，极具前瞻性的策略方针。

同时，速卖通也在下功夫帮助小卖家转型。2016 年 4 月 7 日，速卖通推出了创新宝，该项目旨在为平台卖家提供一站式商标注册指导服务，这一专门通道，申请时间短、费用低，价格公开透明，极大地方便了卖家的商标注册。

天猫国际

2014 年 2 月 19 日，阿里巴巴宣布天猫国际正式上线，为国内消费者直供海外原装进口商品。

天猫国际承载着马云"全球买、全球卖"目标实现的希望，是马云重点打造的网络购物平台。

天猫国际的入驻条件比较高。它要求入驻商家必须为中国大陆以外的公司实体，具有海外零售资质；销售的商品均原产于或销售于海外，通过国际物流经中国海关正规入关。所有天猫国际入驻商家将为其店铺配备阿里旺旺中文咨询，并提供国内的售后服务，消费者可以像在淘宝购物一样使用支付宝买到海外进口商品。

同时，为了满足国内消费升级的需求，阿里巴巴做出了一系列努力：

1. 保税仓：天猫国际与国内主要保税仓都建立了联系，经过一个完整的报关流程后，海外商品可以用较快的速度、相对低廉的价格，送到消费者手中；

2. 定向招商：通过内部消费情况的分析，有选择地引进消费者最喜欢或者已经有流行趋势的品牌，并帮助挑选最受欢迎的货品上新；

3. 物流可追溯：将订单、物流单、支付单的信息合在一起，交由海关清关，可以保证消费者在维权时，能快速追溯至具体环节；

4. 小品牌扶持：对一些有特色的、中国消费者也喜欢的国外小众品牌进行帮助，以降低其寻找消费者的成本。

天猫国际的发展非常快。截至 2015 年年底，天猫国际共引进了来自 53 个国家和地区 2000 多个品类的 5400 个海外品牌，超八成海外品牌为首次进入中国市场。而到了 2017 年年底，天猫国际已经引进了全球 68 个国家和地区近 4000 个品类的 16400 个海外品牌。其中包括多个全球知名品牌：百货，如梅西百货、House of Fraser（福来德）、Laox（乐购仕）、新罗、King power（泰国王权免税店）等；超市，如 Sainsbury's（英佰瑞）、Woolworths（沃尔沃斯）、麦德龙；婴美妆巨头，如日本花王、美国好奇、法国达能集团、日本资生堂集团、韩国爱茉莉集团等，其中，九成以上已与天猫国际达成独家战略合作。

依托于阿里巴巴集团全球化战略，天猫国际与美国、英国、荷兰、日本、韩国、澳大利亚等各国政府展开合作，在 2015 年共开设 13 个国家馆，重点引进了水果、生鲜、牛奶等各国当地特色产业。仅在天猫全球 2015 年"双十一"的狂欢节当天，有超过 9500 万的消费者访问了天猫国际，其中 3000 万消费者购买了国际品牌。

第 2 章

投资亚洲，扩张海外

在亚洲，马云的重点目标是韩国和印度。韩国电商市场成熟，条件好，合作的阻力小，印度潜力巨大。

马云布局韩国

随着电商巨头在国内布局接近尾声，以及各种条件的成熟，电商的战火开始蔓延到了国外。在亚洲，马云的重点放在了韩国。

首先，韩国的互联网产业非常发达，智能手机普及率高达 70% 以上，是全球智能手机普及率最高的国家。而且，韩国的营商环境良好，网络状况很好，覆盖率很高，用户的付费意愿很强，市场环境非常成熟。同时，韩国的娱乐、游戏等流行产业高度发达，以影视、游戏、音乐为代表的"韩流"在中国流传甚广，合作空间巨大。可以说，对于以互联网＋电商＋娱乐等产业为主的阿里巴巴而言，很难找到像韩国这样高契合度的海外市场了。

其次，中韩两国地缘相近、人缘相亲、文缘相通，中国已经成为韩国最大的交易伙伴、最大的出口市场、最大的进口来源国、最大的海外投资对象国、最大的留学生来源国、最大的海外旅行目的地国。2015 年中韩两国来往人数超过了 1000 万人次。便利的交通、紧密的关系、相同的文化及往来，为中韩互联网企业的交流与合作奠定了坚实的基础。

最后，还有一点，马云和阿里巴巴在韩国受到了热烈欢迎，因为韩国政府和企业界对庞大的中国内需消费市场充满热切期待。

这些有利的因素，促使马云在韩国的布局迅速而顺利。

1. 支付宝成功进入韩国。支付宝是阿里巴巴较早打入韩国市场的业务之一。截至 2015 年 6 月份，韩国已有包括百货、免税店、网上商城、航空公司、便利店等在内的 8000 多家商户支持支付宝付款，而且，接入支付宝的韩国线下商家增长趋势很快。马云的最终目的是打造为立足韩国的"韩国 Pay"。

2. 跨境电商进展顺利。天猫韩国馆已经开启，这是全球电商第一个国家馆。消费者可以在此方便地购买 100 多种品牌的韩国商品。

另外，在物流、云服务、影视、娱乐、游戏等方面，阿里巴巴与韩国企业的合作也都在进行着。

阿里入股新加坡邮政

马云在亚洲的布局，除了韩国，还有新加坡。2014 年 5 月 28 日，阿里巴巴集团与新加坡邮政有限公司联合宣布达成投资协议。阿里巴巴投资 3.13 亿新元（约合 2.49 亿美元），认购新加坡邮政 1.9 亿股新股及 3000 万股库藏股，占股比例为 10.35%。

新加坡邮政拥有 150 年的历史，是东南亚地区最大的通信和电商物流提供商，在全球的影响力也处于领先水平。阿里巴巴与其建立的"国际电商物流平台"，供其他服务商进驻。新加坡邮政的国际邮政、物流能力、基础设施和配送网络，都会为阿里巴巴的顾客和商家提供物流解决方案。

马云之所以选择新加坡邮政，是因为它拥有强大的邮政清关资质和能力，以及遍布东南亚的仓储设施和一揽子物流服务产品。虽然东南亚地区的物流基础设施薄弱，可靠的服务商并不多，但是却拥有庞大的人口和中产消费力量，如果能突破跨境物流的瓶颈，则很可能会成为下一片电子商务的热土。

与新加坡邮政合作成功，使得淘宝和天猫上数以亿计的商品以及其背后的中国制造，能通过快捷的物流进入东南亚乃至全球的消费市场。而来自全球的优质商品从出厂到中国消费者门口，将大大减少"海淘"的延误丢失。

阿里巴巴的COO张勇表示："希望能够为海外的买家和卖家带来实在的好处，提升用户体验，提供更好的物流解决方案和产品。"

其实，从战略的角度来看，这是马云为了应对电商同行的竞争，迫不及待地补齐物流短板。作为国内最大的电商零售平台，相对于京东、易购的自建物流，阿里巴巴在物流领域的策略一直是做平台，搞外包，但最终发现这并不能解决淘宝和天猫的物流配送需求。为此，马云赶在2013年5月，联合银泰、顺丰、申通、圆通、中通、韵达等组建菜鸟网络，主要经营小件商品配送。2013年12月，阿里巴巴对海尔电器集团有限公司进行总额为28.22亿港币的投资，重点扶持海尔电器旗下的日日顺物流，帮助天猫发力大家电市场，补齐天猫大家电配送在三四线城市的短板。而入股新加坡邮政，显然是阿里巴巴补齐跨境物流短板的又一重磅举措。

而对于历史悠久的新加坡邮政来说，除了获得资金以外，还找到了一个新的增长点——电商物流。同时，双方合作，数据分享将对新加坡邮政非常有利。

马云淘金印度

印度的发展潜力毋庸置疑。它是全球仅次于中国的人口大国，其电商行业正在发展，与十多年前阿里巴巴在中国发展业务的环境相似，所以，获得马云的青睐也就不足为奇了。马云也曾表示要加大在印度的投入。

印度政府对阿里巴巴也非常感兴趣。2015年3月30日，印度总理莫迪在位于首都新德里的总理府会见了马云，两人进行了约 1 个小时的会谈。2015 年 5 月 16 日，莫迪在访华行程的最后一站上海，召集了"25 人中国企业家圆桌会"，马云、王健林、孙亚芳、黎瑞刚等著名企业家出席。会议结束后，在没有任何事先安排的情况下，莫迪又单独拉住马云，进行了长达 1 个小时的一对一会谈。两个月内，莫迪两次与马云单独会谈，充分说明其对马云以及阿里巴巴的重视。这就减少了马云在印度布局的障碍。

截至 2016 年 3 月份，马云在印度的布局主要有两个方面：电商和支付。

印度 2014 年的电商格局是这样的：Flipkart 占 43% 的市场份额，Snapdeal 占 30%，亚马逊印度占 18%，其他电商共占 9%。

马云选择的合作方是占第二位的 Snapdeal。Snapdeal 的电商平台类似于京东商城和阿里巴巴的结合体。独立商户可以借助这个平台销售高质量的商品，在 Snapdeal 出售的商品均为全新，并且支持七天免费退换。商家进驻 Snapdeal 后，交易、包装和物流等事宜都由 Snapdeal 完成，不需要与用户直接进行交易。

2015 年 8 月份，阿里巴巴以 2 亿美元入股 Snapdeal，获得 4.1% 的股份。其中 1.5 亿美元来自优先股，0.5 亿美元来自次级优先股。由于持有股份比较低，阿里巴巴并没有向 Snapdeal 派驻董事会代表。Snapdeal 总共融资 5 亿美元，除了阿里巴巴以外，投资方还包括日本软银和富士康。

投资 Snapdeal 是阿里巴巴在印度市场迈出的重要一步，为下一步开展业务打下了一定的基础。

在支付方面，马云选择了印度最大的支付平台 PayTM 作为合作对象。截至 2016 年 3 月，PayTM 的活跃用户数已经达到 1.22 亿，成了世界第四大电子钱包。

2015 年 9 月 29 日，阿里巴巴和蚂蚁金服宣布共同投资印度 One97 通信有限公司，PayTM 是 One97 通信公司旗下的主打品牌。但是，阿里巴巴和蚂蚁金服并没有透露这笔交易的具体价值以及购入多少股份。而《华尔街日报》则表示，阿里巴巴和蚂蚁金融共同投资金额为 6.8 亿美元左右。其实，蚂蚁金服已经在 2015 年 2 月投入 5 亿美元收购了 One97 公司的 25% 股份。两次投资共获得

One97 公司 40% 的股权。

马云花重金投资印度的 PayTM，与支付宝所面临的难题有很大关系。在国内，支付宝确实是一枝独秀，是当之无愧的老大，没有单体能够与之抗衡；但是，它所面临的情景是"一超对多强"——微信支付、百度钱包、京东支付等众多对手都觊觎其地位。如果马云稍有不慎，就会给了这些对手机会。一对多虽然风光，但面临的压力也是最大。

在国外，支付宝要面对其全球竞争对手 PayPal。PayPal 在西方国家占据着绝对的主导地位。如果马云要做好跨境电商，就必须面对 PayPal 的竞争。而 PayPal 已经于 2015 年 7 月 20 日拆分上市，实力大增。

除了以上所述国内外的竞争，支付宝还有自身内部的问题。

1. 遭遇发展的天花板。

现在，虽然支付宝是国内第三方支付市场上的老大，但国内市场总量已日趋饱和，不会再有巨大的潜力。支付宝再像以前那样快速发展已经没有可能。

2. 受到外汇管制的制约。

在支付宝征战全球的过程中，最主要的问题就是国家外汇管制。如果支付宝只能用人民币结算，那么就很难实现其全球战略目标。

除了电商和支付以外，马云还打算投资印度的手机企业 Micromax，计划投资金额 7 亿美元，获取其 25% 的股份。但是，由于多种原因，阿里巴巴与 Micromax 公司之间的谈判已经停止。

第 3 章

"全球买手"马云的欧美布局

阿里巴巴在美国上市,美、英、法等国家天猫国际馆的建立,还有"欧洲战略中心"的建立,都是马云布局欧美的大手笔。

阿里巴巴纽约上市，全球最大IPO

2014年9月19日，阿里巴巴在纽约交易所成功上市，股票代码BABA，发行价68美元，总共募集了250亿美元，成了美国市场历史上最大的IPO。阿里巴巴在美国上市绝对是马云最重要的大事，也是他最辉煌的时刻。

阿里巴巴上市前的火爆程度令人吃惊。2014年9月8日，第一场路演在纽约著名的华尔道夫酒店举行。早先预估能来300人左右，后来估计有500人左右，到了路演的前一天晚上，统计时发现最少有900人。这下遇到了麻烦，因为酒店的大厅只能容纳500人，于是只能把旁边的几个房间也利用上。

路演正式开始后，刚放完公司宣传片，左边的大屏幕突然出现故障黑屏了。面对这种情况，马云上场后幽默地说："人生会有许多意想不到的事发生。就像这块屏幕，一分钟前还亮着，突然就黑了。15年前，我来纽约想融资200万美元，你们不给，这次只能来多要一点儿了。"整个会场一片哄笑，尴尬的气氛一扫而光。

让人意想不到的是，仅仅一天的路演下来，意向投资就已经大大超出了阿里巴巴所需要的融资额。而接下来还有波士顿、巴尔的摩的路演。

到9月19日上市这一天，马云发表了讲话，中央电视台财经频道进行了现场直播。在9点半举行敲钟仪式的时候，马云采取了一种最特别的方式。阿里巴巴在纽交所上市，他很有创意地让8个普通人来敲。这8个人中有两位淘宝店店主,分别是前奥运跳水冠军劳丽诗、28 岁的四川女孩王淑娟;一位从事 10 年快递工作的窦立国;一位用户代表、淘宝头号铁杆粉丝乔丽;一位在村庄里创业已经 6 年的农民网商王志强;一位阿里云客服何宁宁;还有一位叫皮特·维尔布鲁格,是来自美国的农场主。

对于为什么这样做,马云给出了自己的答案:"我们努力了 15 年,不是为了让我们自己站在台上,而是为了让他们站在那里。因为我们相信,只有他们成功,我们才会成功。"

在纽交所的成功上市,使得阿里巴巴成了仅次于苹果、谷歌和微软的全球第四大高科技公司和第二大互联网公司。

我们来看阿里巴巴在美国上市后的股权结构:

马云持股 7.8%

蔡崇信持股 3.2%

雅虎持股 15.56%

软银持股 32.4%

其他股东持股 41.04%。

马云和他的管理团队以很少的股权,实现了对阿里巴巴的控制。雅虎和软银虽然是大股东,但没有多少发言权。从这一点就能看出马云的厉害之处。

阿里巴巴在美国的成功上市,结束了中国互联网纷争不断的"战国时代",让阿里巴巴成了毋庸置疑的中国电商领域的大哥大,并且由于上市后股价的上涨,马云个人所拥有的财富也急剧增加。可以说,阿里巴巴的成功上市,成了马云人生的又一个巅峰。

阿里巴巴与美国商业巨头的合作

2015 年 6 月 24 日，在 20 国大使的共同见证下，天猫国际宣布美国馆正式上线，同时上线的还包括英国、法国、西班牙等 10 个国家馆。这是马云推动阿里巴巴全球化的硕果，也是阿里巴巴跨境电商战略的一个重要时刻。

阿里巴巴与美国商业巨头合作的高潮出现在纽约上市后。2014 年 10 月，美国第二大零售商 Costco（好市多）与阿里巴巴达成独家战略合作，入驻天猫国际，并迅速打开了中国市场。

Costco 是美国连锁会员仓储式量贩超市的鼻祖，拥有全球 7200 万会员，是美国最大的连锁会员、仓储量贩超市和全球第七大零售商。Costco 独特的优势在于严选优质品牌、精选产品、深库存、超高性价比。

阿里巴巴通过与 Costco 合作，为中国消费者提供了线上直购通道，也让其跨境电商战略更进了一步。

阿里巴巴联手 Costco 的成功案例，让美国零售业颇为关注，并引发欧美零售商入驻天猫国际的持续热潮。

2015 年 8 月 12 日，梅西百货集团（美国著名连锁百货公司）宣布，已经与香港冯氏集团旗下的冯氏零售集团有限公司在香港成立梅西百货中国有限公司，梅西百货占股 65%，冯氏零售占股 35%。新成立的公司将于下半年进驻天猫国际。

到 2015 年"双十一"时，梅西百货已经成功入驻天猫国际，并参加了促销活动。而且天猫国际是梅西百货进入中国市场的第一家也是唯一一家的第三方线上零售平台。阿里巴巴与梅西百货主要在优势品类互补、全球供应链整合、大数据、全渠道融合等方面展开全方位合作,有效帮助了梅西百货开辟中国市场,共享阿里巴巴旗下零售平台的 3.67 亿活跃消费者。

梅西百货非常重视与阿里巴巴的合作。他们在公布的季度财报中,把入驻天猫国际、与阿里巴巴达成长期独家战略合作作为中国战略最核心布局,向投资者做了重点披露。同时,为了更好地谋求在中国的发展,梅西百货还与香港利丰集团成立了合资公司。

随着与 Costco、梅西百货等美国公司合作,天猫国际的实力越来越强。现在,入驻天猫、天猫国际的美国顶级品牌达到 160 多家,其中有 20 多家品牌与天猫达成了独家战略合作关系。

阿里巴巴布局欧洲

全球化一直是马云的目标。2015 年下半年,马云加快了阿里巴巴在欧洲布局的脚步。他首先组建高管团队,设立办事机构。

2015 年 8 月 4 日,阿里巴巴任命迈克·埃文斯(Michael Evans,花名白求恩)担任阿里巴巴集团总裁兼执行董事,全面负责阿里巴巴全球化业务,向阿里巴巴集团 CEO 张勇汇报。迈克·埃文斯曾经担任高盛集团副主席。

2015 年 10 月 20 日,阿里巴巴将其在伦敦的办公室升级为欧洲"战略中心",任命 Amee Chande 为阿里巴巴集团英国总经理;10 月 26 日,在米兰开设了阿里巴巴意大利办公室,任命 Rodrigo Cipriani Foresio 为阿里巴巴集团意大利总经理。

2015 年 12 月 1 日,阿里巴巴任命 Terryvon Bibra 为阿里巴巴集团德国办公室总经理、Sébastien Badault 为法国办公室总经理,两位总经理均直接向集团总裁迈克·埃文斯汇报。同时,阿里巴巴在德国慕尼黑和法国巴黎也设立了办公室。

至此，马云已经完成了在欧洲英、法、德、意四大国家的团队布局，并继续快速推进欧洲战略。

阿里巴巴在欧洲的首要战略任务是支持已与集团建立战略合作伙伴关系的欧洲品牌、零售商和各政府机构，让他们更了解中国的市场机遇，而阿里巴巴也将协助其开拓庞大的中国市场。

当然，除了协助欧洲零售业开拓中国市场之外，阿里巴巴也会带领中国的优质产品走向欧洲市场。事实上，速卖通已于 2015 年 6 月，开设了西班牙物流专线，同年 11 月，正式推出了线上发货英国的专线"中外运—英邮经济小包"。

此外，2015 年的"双十一"期间，速卖通在俄罗斯等俄语系地区以及西班牙等国家和地区的 Facebook、Youtube 等社交平台发起相关活动，在无线端还进行了 Google play、Apple store 推广，获得欧洲地区多个国家推荐。同时，阿里巴巴在俄罗斯、西班牙、英国举办了线下的"双十一"狂欢活动，甚至在西班牙，有巴萨、皇马参加的西甲联赛中也出现了"双十一"狂欢节的元素。

由此可见，无论是物流上的布局还是活动的推广，马云对欧洲市场的发展都是十分看重的。

马云在欧洲组建高管团队的同时，也开始了小规模的资本收购。

2016 年 2 月 27 日，据《南华早报》报道，马云已经买下了位于法国波尔多地区一个名为萨尔斯酒庄（Chateau de Sours）的大型葡萄园。

萨尔斯酒庄占地面积 85 公顷，园内拥有一个 18 世纪的古老城堡。该园出产红葡萄酒和白葡萄酒，年产量为 50 万瓶。根据交易公告，马云是通过阿里巴巴旗下的香港君宝公司（Junbao Limited）一个名叫马丁·克拉耶夫斯基（Martin Krajewski）的英国人买下了这个酒庄。

据媒体报道，马云似乎是为了他的电子商务网站而试图发展其部署战略，在波尔多设立一个能供应最大量葡萄酒的酿酒交易公司。

2015 年 10 月，马云受邀担任了英国首相戴维·卡梅伦的特别经济事务顾问。他是有史以来受邀英国首相特别经济事务顾问的唯一一名中国企业家。

第 4 章

纵横捭阖，马云为全球化提速

马云为阿里巴巴的全球化做着不懈的努力。通过提出 e-WTP、担任联合国特别顾问、设立澳新总部，使得他距离"全球买，全球卖"的目标更近了一步。

e-WTP：重写国际贸易规则

e-WTP 是 Electronic World Trade Platform 的缩写，翻译成中文就是"世界电子贸易平台"。其作用是为中小企业建立一个做跨境贸易的平台，让世界各国的人随时能买到全世界各地的东西。

2014 年，马云就提出了 eWTO 的概念，意在建立国际贸易新规则，从而更好地帮助全球的中小企业、年轻人和发展中国家发展。但是，马云发现 eWTO 并不完善，而且实施起来难度太大，于是在 2016 年 3 月的亚洲博鳌论坛上正式提出了 e-WTP。

为了推动 e-WTP，在 2016 年上半年，马云就和 30 多个国家和地区进行商谈，主要涉及 24 小时通关、税收优惠等层面的问题。

2016 年 9 月份，马云提出的 e-WTP 提案获得了 G20 成员国审议，并成了主要议题之一，被写进了公报。WTO 总干事阿泽维多对马云提出的 e-WTP 很感兴趣，他表示："为全球制定贸易规则的 WTO，正在考虑未来将如何承担起电子商务相关的工作，包括为中小企业和发展的利益出发。我期待与马云先生在这方面共同携手努力"。

马云提出 e-WTP 有其深刻的社会背景。从阿里巴巴的角度出发，这是马云必然的选择。阿里巴巴在中国很成功了，发展得足够大了，已经触摸到了天花板，必须向全球扩张，使中国的阿里巴巴变为世界的阿里巴巴。

从全球贸易的角度出发，马云顺应了时代发展的潮流。一方面，在过去的几十年里，WTO 驱动着全球贸易与投资，中国也借助 WTO 实现了经济的腾飞。然而，在最近十几年，由于 WTO 主要成员国之间的分歧巨大，使得"在全球范围内达成一个统一的贸易协定"的目标屡次搁浅。多次谈不拢之后，很多国家失去了耐心，于是寻求另外的出路，通过双边或者区域性的贸易协定来达到促进贸易的发展。比如，美国牵头组织的 TPP（跨太平洋伙伴关系协议）和 TIPP（跨大西洋贸易与投资伙伴协议）；还有中国牵头组织的 APEC（亚太经合组织）、CAFTA（中国—东盟自由贸易区）等等。对于马云来说，并不希望政治性的因素影响到阿里巴巴的全球化进程。因此，建立 e-WTP，以商业手段来推动全球贸易规则的改革，就显得非常有必要。

另一方面，互联网的发展，使得贸易的方式逐渐发生了变化。过去基本都是大贸易，小贸易的实现条件有限、成本高，而且也面临物流、融资等难题。而现在电子商务的大发展解决了很多此类问题，每一个小企业甚至每一个人都可以通过电子商务平台实现"买全球、卖全球"。也就是说，互联网为建立全球电子贸易平台提供了可能。

马云在提出 e-WTP 时说："我特别希望呼吁全世界建立一个 e-WTP，在这个上面我们专注于服务 80% 没有机会参与全球化的企业，专注于小企业、发展中国家。如果说过去的 WTO、过去的所有贸易也好，都是在帮助跨国企业和发达国家，那么未来 30 年，我们应该专注于帮助那些 80% 的中小企业、80% 的发展中国家、80% 的妇女和年轻人，让他们更有机会在这个平台上得以发展。"

e-WTP 为全世界众多中小企业和个人带来了希望。在中国，马云通过为中小企业服务赢得了巨大的机遇和成功，现在他又要在全世界范围内复制这一传奇。这也许要困难得多，但阿里巴巴和马云现在所取得的成就，以及所拥有的资源会成为一个很大的助力和优势。

e-WTP 的建立是一个漫长的过程，马云需要付出很大的努力。他所要面对的主要问题有两个方面：一是必须面对 eBay、亚马逊、沃尔玛等世界电商巨头的直接竞争，在延展领域还要面对 Facebook、谷歌等巨头的挤压。二是防止新兴技术的颠覆。比如，人工智能（AI）、虚拟现实（VR）等技术可能对人类的工作生活产生颠覆性的影响。如果马云没有引起足够重视，出现稍微的疏忽大意，就有可能被这些新技术颠覆掉。

e-WTP 承载着马云真正实现"让天下没有难做的生意"的梦想，也是其重写全球贸易规则的契机。

马云担任联合国的特别顾问

2016 年 9 月 21 日，马云受邀出任联合国贸易和发展会议青年创业和小企业的特别顾问。任命书由时任联合国秘书长潘基文亲自签发。

联合国贸易和发展会议是联合国大会常设机构之一，总部设在瑞士日内瓦，目前有 192 个成员国。它是审议有关国家贸易与经济发展问题的国际经济组织，是联合国系统内唯一综合处理发展和贸易、资金、技术、投资和可持续发展领域相关问题的政府间机构。

在联合国的系统里，通常情况下会配置一名秘书长、一名常务副秘书长、多名副秘书长、多名助理秘书长、特别顾问。同时下面还设置各司局级官员和众多普通职员。此前，联合国贸易和发展会议也曾邀请其他国家的企业家担当过特别顾问的职位，但马云是中国第一人。

担任特别顾问后，马云的主要任务是引领创新项目，使年轻的创业者和中小企业，特别是发展中国家的上述群体，更加便捷地参与全球贸易。他还将为联合贸易和发展会议带来专业化以及长远的发展规划。

联合国还为马云颁发了联合国红色特别通行证。联合国通行证分红蓝两色，常规官员使用蓝色证，而最高等级的红色通行证，仅颁发给极少量的高层官员，如联合国秘书长等。持有人可以在非国籍所在国拥有外交豁免权，并在免签证、快速通关、安检等方面享有特殊照顾。这就相当于一个"万能护照"。

有意思的是，马云虽然担任了联合国的高官职位，但薪水只有象征性的 1 美元。

被任命之后的马云获得了许多人的好评：

世界银行行长金墉表示："马云创造了这样一种经济——无论在多穷多远的地区，人们都能参与全球市场，他深刻理解如何去帮助中小企业，鼓励创业，尤其是在最贫困的地方。这是一种能够使世界摆脱极度贫穷，创建包容性世界经济的精神。这种精神在马云的基因里，也在阿里巴巴的基因里，相信马云的加入将为联合国带来卓越的成就。"

联合国贸易和发展会议秘书长基图伊说："阿里巴巴是中国新经济的驱动力，这为农民、女性，以及任何希望加入全球经济的对象带来机会。马云提出的 e-WTP 是非常重要的理念，马云是最出色的领导者。"

他不无自豪地表示："现在，马云是我们大家庭中的一员了，在联合国大家庭中，特别顾问是相当于联合国秘书长助理的职位。"

相对于人们给予的巨大期望，马云担任联合国官职具有更深层的含义。

从国家层面来说，一个中国普通企业家，能成为正式的联合国官员和全球公民，这无疑是一份伟大的荣耀。它不仅属于马云个人，也属于中国经济，尤其是中国新经济。马云出任联合国特别顾问，彰显了中国经济地位的大幅提升，全球话语权也越来越强。

这充分说明，中国企业和中国企业家在世界经济中的地位日益提高，足以站在国际舞台的最前沿；同时也说明了，以阿里巴巴为典型代表的中国新经济，不再只是模仿者和跟随者，而是能够输出成功模式，引领世界风气之先河，深度参与国际游戏规则制定的同时，也为世界做出了贡献。

从企业层面来说，阿里巴巴的全球化战略更容易实现了。

成为联合国特别顾问后，马云可以更方便地在全球各地为中小企业全球化奔走了。阿里巴巴就曾对《环球时报》回应称，希望此举能使阿里更好地服务全球的中小企业创业者，更快落实 e-WTP。

阿里巴巴设立澳新总部

马云带领着阿里巴巴丈量着电商世界的每一个角落，从中国到亚洲，再到欧美，现在到了大洋洲。

2017 年 2 月 4 日，阿里巴巴的澳新总部揭幕典礼，在澳大利亚新南威尔士州举行。典礼上，马云表示，要将"让天下没有难做的生意"的理念带到大洋洲。他也指出，世界需要全球化和贸易，应该用商业和信任连接世界。

阿里澳新总部的总经理是周岚，她被马云称为阿里巴巴的"国家大使"。关于周岚，前文已经讲述过。她曾是望湖宾馆的大堂经理，在马云最困难的时候提供过帮助，后来被马云拉到公司，做了马云的秘书。周岚担任过跨境 B2C 事业部副总经理，非常熟悉跨境业务。

马云选择大洋洲有多重因素。首先是澳大利亚、新西兰与中国的商业联系日趋紧密。以阿里巴巴平台为例，2017 年初，该平台上有超过 1300 个澳大利亚品牌，超 400 个新西兰品牌。如澳洲第一连锁大药房 Chemist Warehouse 在 2016 年的"双十一"中仅用 13 分钟便卖出了 1000 万元人民币的销售额，而全天销售额达到 1 亿元。澳大利亚也是 2016 年"双十一"中销售量第四高的产品来源国。

周岚就曾表示："澳大利亚有纯净空气，优质生态，中国消费者对澳洲的食品、保健品、母婴用品、有机护肤产品等需求正持续增长"。

其次，澳洲的市场情况对阿里巴巴非常有利。澳大利亚人非常喜欢跨境购物，曾经有一项调查显示：澳大利亚有意愿通过跨境购物的消费者比例达到 63%，居世界第一。然而，澳大利亚却没有强大的本土电商力量，其主要电商都是外来户。比如，亚马逊、eBay 等。这就给了阿里巴巴机会，至少没有强龙苦斗地头蛇的压力。

再次，阿里巴巴进军澳洲的各种辅助条件已经成熟。一是云服务。2016 年 11 月 28 日，阿里云位于澳大利亚悉尼的数据中心正式开放运营。这是阿里云在南半球设立的第一个数据中心。二是支付。澳大利亚及新西兰已经有超过 1000 间实体店铺支持支付宝使用。三是物流。澳大利亚邮政已与菜鸟网络展开合作，提供从澳大利亚出口到中国的跨境包裹递送及包装的联名服务。

最后，是马云的个人感情因素。澳大利亚对于马云具有特殊的意义。马云说："如果阿里巴巴要在一个国家或者地区开启全球化的发展战略，那么就应该是澳大利亚以及新西兰。"

马云第一次出国就是澳大利亚。这主要源于一个叫 Ken Morley 的澳大利亚人。1980 年，Ken Morley 带着妻子和孩子来中国旅游，在杭州认识了马云。从此，马云开始了与 Ken 一家长达 30 多年的友谊。

1985 年，Ken Morley 邀请马云去澳大利亚度暑假，这是马云生平第一次出国，也是马云人生的一个重要转折点。马云后来回忆起这次出国旅行时说："我十分感激澳洲让我在 Newcastle 待了 29 天，这次旅行打开了我的眼界，完全改变了我的未来。""通过这次旅行，我意识到在书本上学到的有关外国的事情有些并非那么回事儿。"

2004 年 9 月，Ken 临终时，马云还专门去澳大利亚看望。而 Ken 去世后，马云的办公室和家里，也一直放着他和 Ken 的合影。对马云来说，Ken 是为他开启世界之窗的人。